EL LORO EN EL HORNO

P9-CBE-262

EL LORO EN EL HORNO

Victor Martinez

Traducción de Amalia Bermejo

noguer

Título original: *Parrot in the Oven: Mi vida*
© del texto: Victor Martinez, 1996

© de la traducción: Amalia Bermejo
© Editorial Noguer S. A., 1996
Avda. Diagonal, 662-664, 08034 Barcelona
Primera edición en esta colección: marzo de 2011
ISBN: 978-84-279-0119-3
Depósito legal: M. 1.287-2011
Impreso por: Brosmac, S. L.
Impreso en España – Printed in Spain

El papel utilizado para la impresión de este libro es cien por cien libre de cloro y está calificado como **papel ecológico**.

*A mi madre, Olivia,
y a mi padre, Victor*

1

EL GUANTE DE BÉISBOL

Aquel verano, mi hermano Bernardo, o *Nardo*, como nosotros lo llamábamos, pasó por más empleos que un pulgar por una baraja. Primero fue lavaplatos; después, ayudante de camarero; luego, vigilante de aparcamiento y, finalmente, suplente de un tipo que parecía no aguantar más de diez minutos seguidos en su puesto de hamburguesas (mamá pensaba que vendía marihuana, o que se dedicaba a alguna otra actividad ilegal). Nardo perdió un trabajo por no presentarse con la suficiente regularidad, otro por presentarse con demasiada regularidad —el jefe no podía ni verlo—. El último lo perdió cuando el dueño de la hamburguesería hizo las maletas inesperadamente y se largó al Canadá.

Pero el trabajo que más echó de menos Nardo fue el de ayudante de camarero del servicio de *catering* que abastecía al Club de Golf de Bonneville Lakes. Dice que ésa fue la única vez que consiguió codearse con gente rica. En las fiestas en que ellos atendían a los invitados se servían daikiris gratis, whisky y cerveza fría, fría de verdad, en grandes jarras cubiertas de hielo. En algunas fiestas, como en aquella de la que lo echaron, se repartían papeletas para jugosos premios, como motocicletas, televisores y esquíes. La última fiesta contaba con una orquesta de seis músicos y una enorme pista de baile para que los «vejestorios», como los llamaba mi hermano, pudieran emborracharse y ponerse en ridículo.

Resulta que él y un chico blanco llamado Randy se quitaron las chaquetas de camarero y empezaron a desafiarse el uno al otro a conseguir un tique y sacar a bailar a una chica. Randy apostó a que Nardo no lo haría y Nardo apostó a que sí lo haría y, después de poner dos dólares como garantía, se dirigió a la señora que repartía los tiques.

—Lo podría haber liado un poco más, ¿sabes, Manny? —me dijo—, haberlo desafiado al doble o al triple un par de veces más, y después inventarme una buena excusa, pero ése no es mi estilo.

En vez de eso, dio una palmadita a Randy y se fue a por el tique. La encargada, sentada tras la gran mesa cubierta de papel, se fijó en las manchas de salsa de los pantalones negros y la camisa blanca del uniforme —que se suponía iban bien con la chaqueta color naranja de los camareros del servicio de *catering*, pero que no era así— y dijo:

—Vaya, qué demonios —y le dio un tique.

Antes de que la persistente vocecita interior pudiese hablar más alto, Nardo sacó a bailar a la chica que estaba más cerca. Tenía un millón de pecas y suficiente alambre en la boca como para servir de vías a un tren de juguete. Fueron dando traspiés por la pista hasta que la orquesta decidió compasivamente hacer un alto. Ella, con la mirada fija en el brazo de su pareja, le dijo tímidamente:

—Bailas muy bien.

Pero mi hermano tiene lo que podría llamarse un sexto sentido. «Es muy vivo», como solía decir mi abuela de un chico nacido con esa cualidad, y con Nardo era, más o menos, una tremenda verdad. Sabía esquivar los problemas mejor que un campeón de boxeo un derechazo. Se escapaba por un pelo de baños, palizas y broncas, sólo por no estar en medio cuando los castigos hacían su aparición. Por eso lo creí cuando dijo que algo le había hecho cosquillas en el hombro y, al darse la vuelta, allí, al otro lado de la pista, estaba el señor Baxter, su jefe, delante del director de orquesta, a punto de anunciar algo por el micrófono... ¡y vaya si estaba enfadado!

El señor Baxter era el dueño del servicio de *catering*, y mi hermano decía que, por el modo de gritarles a los camareros, se diría que también ellos le pertenecían. No dijo nada, sólo señaló la puerta, después a Nardo y trazó una gran X sobre su pecho. Con ese simple gesto lo echó.

Tal y como lo contaba Nardo, parecía que le hacía un favor a aquel hombre trabajando para él.

—No lleves nunca tirantes, Manny —decía, como si ésa fuese la lección que había aprendido.

Al principio, Nardo no quería ir a trabajar al campo. No por orgullo, aunque habría utilizado esa excusa si hubiera podido conseguir algo con ella. Era más bien porque, como a cualquier otro, no le gustaba sudar la gota gorda a cuarenta y tres grados al sol. Aquel verano fue abrasador, quizá el peor de todos los que vivimos en aquel valle desértico, donde nuestra ciudad no hubiera existido a no ser por el agua de riego traída desde la sierra. Yo podría contar lo duro que era ver cómo las rosas de mi madre se marchitaban cada mañana después de que yo las regara. El agua no llegaba a ellas. Las rosas sólo suspiraban un momento, antes de que el sol sorbiese también ese pequeño aliento.

A pesar de que le era difícil a Nardo esquivar los ojos acusadores de mi madre, especialmente cuando mi hermana Magda volvía a casa hecha polvo de la lavandería, después de pasarse todo el día metiendo sábanas en la máquina de vapor, él seguía negándose a trabajar más. Nada funcionaba, ni las amenazas ni las broncas; ni siquiera avergonzándolo, cosa que mi madre intentaba casi a diario. Todos nosotros probábamos suerte, pero nadie con tanto vigor como mi padre. Gritaba y vociferaba en un breve arrebato de cólera y luego se paraba de repente en el cuarto de estar, con un escupitajo colgándole del labio. Declaraba a las paredes que tenía un hijo que no servía para nada, y hasta desafió a Nardo a ser lo bastante hombre para alistarse en el ejército. Juró que él mismo firmaría los papeles, puesto que Nardo no tenía edad suficiente.

La cuestión era que mi padre tampoco tenía trabajo. Acababa de perder su empleo de intérprete para el ayuntamiento, porque bebía demasiada cerveza durante la comida y luego pronunciaba mal las palabras. Desde que perdió su empleo, o incluso antes, mi padre tenía menos paciencia de la que se puede pinchar con un palillo. Se pasaba el día buscando cosas con las que no estuviera de acuerdo y, cuando encontraba una, soltaba un taco antes de que pudieras parpadear. Y si no estaba maldiciendo, se podía percibir un silbido entre sus labios, listo para estallar.

A pesar de trabajar como intérprete, el inglés de mi padre dejaba mucho que desear. Era incapaz de pronunciar algunas letras. En vez de decir *watch* le salía *wash*, y cada vez que decía *stupid*, abría la boca y decía *estupid*, como en español. En cambio, cada vez que decía *ass* o *ounce*, apretaba los dientes y soltaba unas eses interminables, alargando las palabras como si la boca le quemara.

—Si al menos Nardo tuviese una *onssa*, una *pissca* de... —decía mi padre señalando una diminuta medida entre el pulgar y el índice, pero con una voz del tamaño de una casa.

Por su parte, Nardo se quedaba en casa levantando pesas y haciendo flexiones y abdominales y perdiendo el tiempo con cualquier mísero grano digno de unas cuantas horas. Era un maniático de su hermosa apariencia y se peinaba cuidadosamente delante del espejo al menos veinte veces al día.

Yo no era como Nardo. Supongo que años de no saber lo que se podía esperar de un mexicano, además de trabajo, me convencieron de que no me iría de este mundo sin dedicarle muchos días. Probablemente Nardo pensaba lo mismo y no estaba para perder el tiempo. Pero yo era de la línea de mi abuelo Ignacio, de sangre útil. Durante toda su vida, mi abuelo trabajó como un hombre, en cualquier empleo, tratando de llenar el mañana con el sólido trabajo del día. Incluso al final, cuando enfermó y apenas podía moverse, odiaba estar sentado en el sofá sin hacer nada. Deambulaba por la casa arreglando enchufes, clavando el suelo, pintando estanterías bajas y atornillando las patas de las mesas, aunque el resultado final era más un signo de lo mucho que había envejecido su mente que de otra cosa.

Durante un tiempo ayudé a cargar fruta a mis primos Río y Pete. Su padre, mi tío Joe, tenía una camioneta y juntos vendíamos melones, naranjas, manzanas —según la época del año— de puerta en puerta. Pero cuando mi tío se hizo daño en una pierna al tropezar con unas ramas, y el tobillo se le hinchó y se le puso morado y blando como una ciruela madura y no podía andar, excepto quizá para ir cojeando hasta el frigorífico, o acercarse a cambiar el canal de televisión, dejó el puesto ambulante.

Sin trabajo, yo estaba más vacío que una lata de coca-cola. La escuela iba a empezar pronto y necesitaba dinero para ropa y material. Deseaba un guante de béisbol con tanto afán, que cuando pensaba en él, se me abría una dulce herida en el estómago. El béisbol dominaba entonces mis fantasías y no podía librarme de él. Había un guante en el escaparate de los grandes almacenes que me hacía soñar con peligrosas carreras en el perímetro del campo. Decidí animar a Nardo para que fuéramos a recolectar pimientos.

—¡Podrías comprar más pesas! —dije con demasiado entusiasmo, haciéndole sospechar inmediatamente.

Levantó los ojos hacia mí a media flexión.

—Crees que soy un vago, ¿no?

—No —mentí.

—Sí, claro que sí, crees que soy un vago —repitió, respirando profundamente al apartarse del suelo.

—¡Te he dicho que no!

—Sí, lo crees. —Hizo entrar aire en sus pulmones y se levantó tristemente secándose las manos—. Pero no me importa que creas que soy un vago, pequeño. Todo el mundo lo cree. —Empezó a sacarse una astilla de la mano—. En realidad, no soy vago, ¿sabes? He trabajado de cuando en cuando. —Mordió con avidez la astilla, al tiempo que movía los codos arriba y abajo, como las alas de un pájaro—. Si mamá quiere que vaya, iré —dijo por fin—. Si es eso lo que ella quiere. Pero te advierto desde ahora que si hace mucho calor, abandono.

Los milagros no son para los escépticos, así que a la mañana siguiente pregunté a mi padre si podía prestarme el coche, un Plymouth que Nardo conduciría a pesar del complicado cambio de marchas. Papá estaba muy contento conmigo por sacar a Nardo de su hibernación. Nos dio algunas latas vacías para poner los pimientos y casi puso una cinta de Navidad en los sombreros de ala ancha que había comprado en México hacía años. Las badanas estaban ennegrecidas por el sudor y la paja llena de polvo, pero nos protegerían del sol.

Cuando llegamos al campo de pimientos, sentíamos en las mangas de las camisas el aire caliente que entraba por la ventanilla. El cielo empezaba ya a despejarse, las nubes se precipitaban hacia el horizonte, como si también ellas supieran que muy pronto el sol sería el centro de una olla hirviendo.

El capataz, vestido con una camisa de color amarillo pálido, chaleco de cuero negro y botas de cowboy con puntas abarquilladas, se negó al principio a contratarnos, diciendo que yo era demasiado joven, que era demasiado tarde —la mayor parte de los trabajadores del campo se levantaban al primer guiño del amanecer—. Además, hacía horas que todos los surcos estaban ocupados. Se rió del enorme cesto de comida que sobresalía bajo el brazo de Nardo y dijo que parecíamos dos niños que van de picnic.

Aunque Nardo sabía fingir disgusto mejor que nadie, creo que quería hacer un intento de recoger pimientos. Pero una excusa era una excusa, y cualquier excusa era buena para largarse. Así que lanzó a toda prisa su lata en el maletero, e hizo un gesto teatral con la mano antes de abrir la puerta del coche. Al verlo tan valiente, pensé que el capataz quería torturarlo cuando dijo que teníamos suerte, porque había un surco birrioso junto a la carretera que nadie quería. Debió de pensar que era un buen bromazo darnos ese surco. Se rió entre dientes y nos llamó con un movimiento del brazo, como si fuese a compartir un secreto.

—Vamos, muchachos, aquí hay un surco muy bueno —dijo señalando algunas ramas que se inclinaban en sentido opuesto a la carretera, como si tratasen de soltarse de sus raíces y alejarse del tráfico. Las hojas escaseaban y estaban arrugadas y medio muertas, cubiertas por una capa de polvo blanco de pesticida y humo de los tubos de escape tan gruesa que uno podía untarse las manos y dedicarse a dejar sus huellas dactilares por todas partes.

Mi hermano se encogió de hombros. Mala suerte, no se podía hacer mucho más. El capataz anduvo rondando un poco por allí, para asegurarse de que sabíamos qué pimientos arrancar, y cuáles dejar para la próxima vez, cosa que tampoco importaba mucho en aquel surco.

Llevábamos unas dos horas arrancando pimientos, cuando el sol empezó a calentarnos el dorso de las manos y a dejar una bolsa de calor que se arrastraba dentro de nuestras camisas como un animal pequeño. Yo tenía los dedos gomosos como zanahorias podridas y parecía que los pimientos nunca iban a pasar de la mitad de la lata. Nardo llenó la suya antes que yo, apretó bien los chiles y se los echó al hombro con su brazo sólido como una roca pegado a la cara.

—Voy a recoger mi dinero y a comprarme un refresco —dijo, y se fue a zancadas hacia la zona de pesaje, moviendo cuidadosamente las piernas entre las plantas. Yo fui cojeando detrás de él, cargado con mi lata medio llena de chiles esmirriados.

La zona de pesaje no era nada especial, sólo un trípode con una balanza colgando en el centro. La gente llevaba sus latas y sacos de arpillera y se colocaban en fila. Después de que la aguja de la balanza se moviese bruscamente y volviera a pararse empujada por el peso del saco, los pimientos se descargaban sobre un tablero de madera. Unas diminutas rendijas entre las tablas permitían el paso de la suciedad y las hojas.

Había una fila de mujeres mayores y chicas jóvenes con las caras tapadas con pañuelos. Estaban de pie a los lados, como los salteadores de trenes en las películas del Oeste, y quitaban las hojas y pegotes de tierra, y echaban los pimientos por una rampa. Cuando el saco que estaba al final se llenaba, uno de los capataces lo desenganchaba de los clavos y cosía la abertura. Después lo amontonaba con los demás sacos cerca de un camión que estaba esperando, cuyo conductor dormía en la cabina con las botas asomando entre las turbias corrientes de aire.

De pie junto al tablero, los ojos me escocían y de la nariz me colgaba un moco acuoso. Las hojas secas y el molesto olor de los pimientos recién cortados producía el efecto de un enjambre de abejas. Por más que intentara respirar con regularidad, seguía tosiendo y ahogándome, como si tuviera una pelota de papel de lija metida en la garganta. Me preguntaba cómo las mujeres eran capaces de soportarlo, incluso con los pañuelos.

Lo único bueno de la zona de pesaje era que te pagaban inmediatamente después de anunciar tu peso. Eso atraía a los trabajadores de México, que necesitaban dinero rápido para el alquiler o para comprar alimentos de emergencia, y a gente como yo, que tenía que comprar unos estupendos guantes de béisbol. También era un buen negocio para el puesto de venta ambulante —el burrito—, propiedad del contratista del trabajo. Vendía de todo, desde tacos de pollo, judías con chile y burritos de huevo, hasta cucuruchos de helado y caramelos.

Sin embargo, los precios hicieron que Nardo se quejara en voz alta.

—¿Sabes cuánto he pagado por esto? —exclamó una vez fuera del alcance del oído del capataz—. ¡Ochenta y cinco centavos! ¡Ochenta y cinco centavos por un condenado refresco!, y para rematarlo es una de esas porquerías baratas que no tiene ni burbujas ni nada.

Seguimos arrancando pimientos sin parar, pero a mediodía Nardo y yo estábamos achicharrados, con las lenguas colgando por el calor y alejados un buen trecho del trabajador más cercano. Más allá, bajo las nubes que hervían como agua en el horizonte, una hilera de hombres trabajaba dos y tres surcos cada uno.

—A ésos se les llama espaldas mojadas —explicó mi hermano—; recogen como si sus condenadas vidas dependiesen de ello.

Eché una ojeada al mexicano que trabajaba en los surcos que estaban junto a los nuestros y asentí. Manejaba cuatro surcos él solo, utilizaba dos latas, y cogía puñados de pimientos que arrojaba en una lata u otra. Había ido hacia arriba a lo largo de dos surcos, después hacia abajo por los otros dos, y a la vuelta nos dedicó una sonrisa y nos saludó tímidamente con la mano. Para ganar tiempo colocaba sacos de arpillera cada seis o siete metros, y cada media hora más o menos vaciaba una lata llena en el más cercano. Detrás de él ya había tres sacos llenos y cosidos. Nosotros lo mirábamos asombrados por su rapidez.

—Quizá también nosotros deberíamos hacer lo mismo —sugerí.

Nardo negó con la cabeza.

—¿Estás loco? —preguntó convencido—. Sólo llenar una mierda de saco nos llevaría todo el maldito día.

Tenía razón. No éramos los mejores trabajadores del campo; éramos tan malos que ni siquiera estábamos entre los peores. Nos parábamos demasiado, mi hermano para mirar a las chicas que había junto a la balanza, y yo para observar al hombre y comparar las manos. Las suyas eran como alas que hacían maravillas, las mías parecían levantar una olla de miel caliente. La manera de moverse me hizo pensar que si jugara al béisbol haría unas increíbles paradas en corto, a juzgar por la forma en que pasaba de una planta a otra, arremetiendo primero en una dirección y después en la otra, con las rodillas en ángulo. Era un torbellino cuando recogía sus latas y sacos, y mirarlo así, con admiración, casi me hacía olvidar mi cansancio. Él, sin embargo, no parecía cansarse nunca, no se separaba mucho de la planta, más bien era como si se metiese dentro de las hojas hasta que con una sacudida vacilante, una lluvia de pimientos amarillos caía en su lata.

Estaba admirándolo, cuando Nardo me dio unos golpecitos en el hombro.

—Mira lo que viene por ahí —dijo señalando con la barbilla una furgoneta que llegaba despacio por la carretera.

Los coches nos habían estado fastidiando toda la mañana con polvo y humo de los tubos de escape, así que al ver acercarse aquella furgoneta, que parecía un perro husmeando entre los arbustos, me di cuenta de que algo iba mal.

La furgoneta era verde, de un verde oscuro y sin brillo, como las hojas de nuestro surco. Las ventanillas estaban abiertas y el hombre que iba al volante sacaba la cabeza escudriñando los surcos. De repente, la gente empezó a ponerse de pie, a dar manotazos al aire y a estirarse como si tuvieran que mirar por encima de una pared muy alta. Alguien habló rápidamente en español y se produjo una frenética conmoción cuando unas cuarenta personas saltaron de repente, todos a la vez, y empezaron a correr. Ni siquiera se molestaron en ir por los surcos dando saltos de tijera, como había hecho Nardo, sino que corrieron en oleadas, pisoteando plantas y volcando latas. Los que cerraban la marcha sujetaban sus sombreros con una mano y con la otra sacudían la ropa que llevaban agarrada. Yo no sabía aún lo que estaba pasando.

Mi primer pensamiento fue correr, pero al ver tres furgonetas más y un gran autobús del Departamento de Trabajo saliendo de una carretera estrecha, por el campo de maíz que bordeaba el nuestro, supe que los de Inmigración habían venido a por la gente.

Nadie había visto que las otras furgonetas estaban colocadas en distintos puntos a lo largo del campo de maíz. Sólo corrieron enloquecidos hacia el maíz como pensando en esconderse entre los altos tallos. A los más rápidos los pillaron en seguida, los agentes les cortaron el paso y los sujetaron por los brazos. Ellos se entregaron sin pronunciar palabra. Los más lentos cambiaron de dirección hacia espacios más abiertos y se metieron en el campo. A la mayor parte los pillaron en la primera redada, excepto a algunos que se escabulleron de los policías y corrieron carretera abajo; pero también a ellos los encontró otra furgoneta y los hizo entrar.

El puñado que se había escondido entre el maíz parecía haberse escapado. Todos nosotros vitoreamos y levantamos los brazos, como si nuestro bando hubiese ganado. Algunos abucheamos a los policías; mi hermano Nardo el que más.

Sin embargo, todos nos quedamos mudos cuando algunos de los agentes formaron una hilera a lo largo del campo y desaparecieron entre el maíz. Un rato después, salieron agarrando por los cuellos de las camisas a los que pensábamos que habían escapado. Todos suspiramos sin decir nada.

El capataz que nos había dado el surco esmirriado vino corriendo a ver qué pasaba. Se mosqueó y dijo «hijos de puta» y cosas peores. Yo creí que se iba a poner a insultar a los de Inmigración, pero se quedó mirando dócilmente a los policías que acorralaban a la gente antes de introducirla en las furgonetas. Traté de encontrar al mexicano del surco que estaba al lado del nuestro, pero no lo vi. Deseé que se hubiera escapado.

El agente que estaba al mando se acercó al capataz y dijo algo que no pudimos entender pero que sonó a bronca. El capataz volvió y se arrodilló junto al tanque de agua.

—Malditos hijos de puta —dijo otra vez, mientras se quitaba el sombrero de un manotazo y lo sacudía contra la pernera del pantalón levantando una polvareda. Se sirvió algo de agua y miró airadamente a los de Inmigración, que encerraban a la gente y se iban entre una nube de polvo. Nadie se preocupó de volver al trabajo.

Cuando el aire se aclaró, un hombre volvió tambaleándose del sitio donde se habían reunido las furgonetas. Era un hombre mayor, con una barba rala medio gris y un bigote largo algo más oscuro. Iba tocándose la rodilla izquierda.

Al principio pensé que era uno de los que se habían escapado, pero alguien lo reconoció y se echó a reír.

—Eh, Joe, tú no eres un espalda mojada. Eres un bracero.

Joe venía despacio, se quitó el sombrero y se tapó el vientre, como si lo hubieran pillado desnudo. Se encogió de hombros y se disculpó diciendo que no podía evitarlo, que cuando alguien empezaba a correr, él se ponía nervioso y también corría. Se miró las piernas como si ellas fueran las culpables. Dijo que los de Inmigración lo dejaron marchar en cuanto vieron que tenía demasiada carne sobre los huesos para ser un espalda mojada. Todo el mundo soltó una carcajada. Nardo y yo nos reímos también, mas por alguna razón pensé que era el mejor tipo en todo el campo. Después vino su familia y se lo llevó. De los veinte o así que quedamos, todos afirmaban que ellos animaban a los mexicanos a no correr. Decían que los de Inmigración no iban a los campos a comprobar la ciudadanía a no ser que tuviesen una buena razón, que si uno actuaba como si no pasara nada, a veces se los podía engañar. Aunque decían que ninguno de esos mexicanos desagradecidos se fiaba de su palabra y que por eso ellos tenían la culpa de todo lo que pasaba.

Uno de los que escuchaban, un tipo alto con la cara llena de granos, mejillas enrojecidas y la piel como un higo, aunque más pálido, gritó:

—¡A los pinches gabachos les importa un comino acosarnos! Los gabachos hacen lo que les da la gana.

No esperó a que nadie contestara, ni recogió ninguna de las latas o el equipo, sino que se fue rápidamente, abrió la puerta de un Buick oxidado y lo puso en marcha.

—Yo creo que ha venido solo —dijo Nardo pensativo. Se frotó los ojos con el dorso de sus puños y se sintió más despierto—. Eh, ahora podemos recoger en el surco que queramos.

—¡Ese hombre está loco! De todos modos, esa gente no vive aquí —dijo un tipo bajo, con la cara húmeda, las mejillas hundidas y unos pantalones sujetos desigualmente a la cintura.

Al andar, una de sus piernas parecía más corta que la otra. Cruzó hacia uno de los surcos donde había estado trabajando un mexicano y levantó un par de zapatos. Las suelas tenían una costra de barro y el cuero estaba ajado y arrugado como las caras de los viejos que han trabajado en el campo toda su vida. Los sujetó con las puntas de los dedos, apartándolos de su delicada nariz. Probablemente el hombre que los llevaba se los había quitado por el calor, para hundir los dedos de los pies en el suelo húmedo y regado. Cuando los sostuvo en alto se levantó un pequeño coro de risas que cesó al dejarlos caer otra vez en tierra. Rebuscó algo más por el surco, hasta que encontró un saco abultado lleno de chiles.

—Mira, voy a llevarme éstos —declaró, y empezó a arrastrar el saco.

Al verlo, todos los demás empezaron a escarbar por allí en busca de otros sacos abandonados, haciendo valer su derecho por lo cerca que estaban sus surcos de los de los mexicanos. Los sacos del hombre que trabajaba en los surcos situados al lado del nuestro estaban allí esparcidos, bien cosidos por los bordes. Nardo se acercó y puso la mano encima de uno. Otros dos tipos vinieron a discutir acerca de a quién pertenecían, pero mi hermano era más fuerte y después de un par de empujones medio en serio, se marcharon sin dejar de refunfuñar.

—Mira, Manny —dijo Nardo, subiéndose animado las mangas de la camisa. Levantó un saco por las orejas y lo dejó caer al suelo, apretando bien los pimientos—. Aquí tenemos más de lo que hubiéramos recogido en dos días. Y tú vas a poder comprarte ese guante.

Pensé en el guante de béisbol, limpio y tieso, oliendo a cuero, y en mí mismo en el fresco césped del área central. Ya me veía en el equipo de béisbol de la escuela y a la gente mirándome. No esa gente que recoge chiles o esos que se llevan en furgonetas, sino gente que yo todavía tenía que conocer, mirándome atentamente mientras estaba plantado en el centro del campo. Miré los sacos y después a las nubes de polvo en la distancia, apareciendo y desapareciendo por las curvas de la carretera. Me pregunté cuánto tiempo hubiera tenido que trabajar para llenar esos sacos. El hastío era tan inmenso como el horizonte.

2

LOS BILLARES DE RICO

El salón de billar de Rico era el lugar favorito de mi padre en el mundo entero. Respiraba a gusto entre las cuatro mesas de billar de sólida madera, las telarañas y el humo que ascendía hasta el techo, el fuerte olor a madera barnizada, a sudor, a cerveza y a pedos que impregnaban el aire. Hablaba todo el día con sus amigotes de México de planes para hacer dinero y de regresar allí, a pesar de que algunos de ellos habían nacido en Estados Unidos.

A los niños no se les permitía entrar en el salón de billar, pero a veces, Rico dejaba que me quedara mientras esperaba a mi padre. Me sentaba en un taburete en un extremo de la barra, observando a los tipos que se apoyaban en los tacos de billar, fumaban y soltaban palabrotas. Incluso vi una vez una pelea en la que un tío lanzó una bola de billar a un hombre con sombrero texano y le hizo saltar limpiamente los dientes de las encías.

Mi madre no soportaba que papá fuese a casa de

Rico, por la bebida y porque, como ella decía, «allí la leche se iba por la alcantarilla». Siempre me hacía ir con ella para traerlo a casa.

Al día siguiente a la recogida de pimientos, estábamos todos amontonados en el coche: mi hermana pequeña Pedi quejándose del calor, Magda dando palmadas a ritmo del rock and roll que sonaba en su cabeza, papá lamentándose de una serie de hábiles carambolas que estaba intentando antes de que mi madre lo sacara a rastras de allí. «Por no hablar de cuánto dinero podría haber ganado», siguió diciendo.

Me dolía la nariz por el pesado olor a alquitrán del asfalto derretido. Saqué el brazo del coche y cometí la estupidez de gritar «¡Maldita sea!», fastidiado por el calor.

Mi madre me oyó desde el asiento delantero y, antes de que pudiera disculparme, se volvió y me dio un puñetazo en la boca. Había ciertas cosas por las que mi madre me largaba una bofetada sin pensárselo dos veces. Si me pillaba diciendo palabrotas o rompía un vaso, me aporreaba el brazo. Dos veces si la palabrota tenía que ver con chicas o el vaso estaba lleno de leche. Y debía evitar cualquier chisme que tuviera que ver con nuestra familia y que la gente pudiera recordar.

Con mi padre era más sencillo. Si yo gritaba demasiado, me estrujaba el hombro y me susurraba al oído:

—Cálmate en seguida, Manuel, o de lo contrario...

Afortunadamente, todavía estaba demasiado cargado de beber en los billares para prestarme atención. Pero se metió con los tres hermanos García, que estaban haciendo el vago en el patio delantero.

—¡*Qué chingados!* —exclamó cuando entrábamos en el aparcamiento—. Esos cabrones, bebiendo cerveza y partiéndose de risa. Le chuparían toda la sangre a su madre si no estuviese muerta.

Mi padre estaba enfadado con los García por destruir su sueño. Había comprado un juego de croquet con el que planeaba jugar con los vecinos en las tardes calurosas. Pero el día que lo trajimos a casa, los García acudieron como chimpancés furiosos. Bobby me arrebató un mazo de las manos y lo tiró a un árbol, y Stinky robó una portería de tela metálica mientras papá estaba de espaldas. Papá prometió no volver a obsequiar con cultura a nuestro vecindario.

Yo bajé la barbilla mientras mi padre frenaba y miraba de mala manera a los García. Ellos ponían esas sonrisas idiotas y, ante tal falta de respeto, papá les gritó por la ventanilla:

—¿Dónde están vuestras chicas? ¿Las habéis mandado a trabajar para vosotros?

Eso sacó de quicio a Bobby y a Stinky, que eran lo bastante mayores para tener novia, pero que aún no la tenían. Empezaron a dar patadas a sus sillas y a buscar una piedra, pero mi padre se echó a reír y aceleró.

Todavía se reía por lo bajo cuando se paró frente a nuestra casa, hecha de capas de piedra y tejado de losetas. Las casas, que tenían forma de hotel del Monopoly, no eran bonitas ni elegantes, pero en primavera la hierba crecía en cada porche y parecía agua verde chapoteando contra los cascos de las casas flotantes. Resultaba hermoso. Pero era verano y el calor había secado la hierba, que ahora era amarilla.

A papá parecía gustarle su ingeniosa broma, así que pensé que a continuación se le ocurriría arremeter contra la Seguridad Social y, justamente, metió baza en el asunto. En realidad, fue mamá quien lo hizo empezar; no puedo culpar del todo a mi padre. Ella mencionó que algunos hombres del barrio estaban ganando dinero en empleos que les daba la Seguridad Social. Los había visto llegar a casa con la tartera de la comida y la camisa por fuera de los pantalones.

—Pero tú ya sabes cómo es la Seguridad Social —dijo papá—. Quieren saberlo todo. Viene un asistente social, que encima nos trata como si fuésemos criminales y entonces todo el vecindario se entera de que estamos cobrando prestaciones.

Mi padre parecía aturdido, como si al tocarle el hombro fuera a echar a correr calle abajo. Mamá apretó los labios. Sabía que sólo estaba buscando algo de que quejarse. Además, la mitad de la gente del barrio ya estaba recibiendo ayuda de la Seguridad Social y la otra mitad estaba intentando recibirla. Pero mi padre no se detuvo por eso.

—Ésos harían una copia de mi carnet de conducir y entonces me tendrían fichado —insistió.

Esgrimió unas cincuenta veces el dedo en el aire y añadió:

—Además, nunca en toda mi vida me he visto obligado a mendigar.

—¿Preferirías dejar que los chicos se murieran de hambre? —preguntó mamá indignada y, como de costumbre, con sentido común.

Papá enrojeció aún más de lo que estaba, pero incluso él sabía que las latas de carne y la mantequilla que distribuía la asistencia social no vendrían tan mal.

Pero no sirvió de nada. Papá creía que los dueños del mundo eran comadrejas y todo lo que uno hiciera contra ellos era inútil. Creía que la gente era como el dinero. Si eras una persona de un millón de dólares, tenías poder sobre las cosas, una gran casa quizá, y una multitud de gorrones a los que podías pisotear. Podías ser una persona de mil o de cien dólares —incluso de diez, cinco, o un dólar—. Para mi padre, nosotros no éramos más que centavos.

Por fin redujo la marcha de su cerebro.

—Encontraré trabajo —dijo malhumorado—, no te preocupes. Encontraré trabajo.

Después salió del coche y entró de prisa en casa, escabulléndose por la puerta de tela metálica.

Mi madre se limitó a mirar al espacio vacío donde él había estado y sonrió forzadamente. Ya había oído eso antes. Desde que había perdido su empleo en el ayuntamiento, había estado dando la lata con la Seguridad Social, o con los García, o con cómo esta vez iba a encontrar un trabajo mejor que el anterior.

Yo siempre me preguntaba por qué daba tantas vueltas a las cosas, por qué su voz era tan áspera y se agotaba de tanto quejarse. Mamá era más callada. Cuando se preocupaba por algo, se mordía las uñas y levantaba la vista hacia el cielo; no como si estuviese mirando a las nubes, sino como si todo el cielo fuese lo más maravilloso que nunca había visto.

Cuando se ponían a gritar y a agitar los brazos, algo que ocurría en cuanto mamá entraba por la puerta, lo mejor era desaparecer. Hasta las paredes sudaban. Los chillidos de mamá espantaban el aire, la voz de papá era papel de lija rasgado en tiras. A veces, yo trepaba al olmo de la parte de atrás, o corría a casa de mi amigo Frankie, donde la televisión sonaba todo el día sin que nadie la viese.

Al salir vi por la ventana a mi hermana Magda escuchando música. Estaba cantando, movía las manos como si bailara la danza del vientre y la canción decía: «Todo está bien, todo va a ir bien».

Crucé de prisa el aparcamiento, con los ojos medio cerrados por el sol, quejándome de la vergonzosa injusticia de mi madre. Me latía el labio donde ella me había sacudido y un hilillo de sangre me manchó los dedos al tocarlo. Hice crujir con los pies los tallos de hierba seca al llegar a la pradera, donde durante casi todo el año los chicos le pegábamos a una pelota de béisbol o jugábamos partidos de fútbol, mientras nuestras madres, en sillas de plástico, charlaban unas con otras y bebían té helado y cotilleaban a espaldas de las que se levantaban para hacer sus tareas.

De repente, un perro salió corriendo de debajo de unos arbustos; gruñía y echaba espuma por la boca. Me dio miedo de que viniese a clavarme los dientes en una pierna, pero entonces vi a los hermanos García, Bobby, Stinky y el pequeño Tommy, que lo perseguían con palos. Stinky lanzó una piedra que pasó zumbando cerca de mi oreja. No estaba seguro de si iba dirigida al perro o a mí, pero estaba claro que no iban a cazar al perro. Sus patas prácticamente levantaban ampollas en el asfalto.

Los García fueron aflojando el paso y vinieron hacia mí. Stinky, que sudaba como un cerdo, llevaba una camiseta gris muy sucia y unos vaqueros que parecían raspados con piedras. Tommy, el pequeño, llevaba una camisa amarilla de cuadros. Bobby vestía una camisa verde con dibujos rojos y dorados y andaba con los brazos estirados a los lados, como si no quisiera arrugarla; torcía la boca de una forma rara cuando echaba la cabeza hacia atrás.

—Vaya, es el chico de Hernández —dijo Bobby a sus hermanos por encima del hombro. Después se volvió hacia mí y dijo—: ¿Qué, Hernández?, he oído que a tu padre le han dado un empleo en la Seguridad Social.

No me molesté en negarlo. No lo iba a convencer.

—Eh, Manny. —Esta vez era Stinky, que llevaba un palo en la mano y le daba vueltas como si se le acabara de ocurrir algo fantástico.

Estaba en mi curso en la escuela, pero era unos tres años mayor que todos los de la clase. Tenía los hombros caídos y dos dientes grandes como abrelatas. Se había alisado con fijador el pelo negro y su voz raspaba como el roce de dos hojas de cuchillo.

Yo siempre había tenido miedo de él. Todos los años, en la escuela, volvía a la costumbre de atizarme de vez en cuando para demostrar que todavía era el jefe. Una vez me rompió un hueso del dedo meñique y tuve que mentir a mi madre diciendo que había resbalado al correr hacia la segunda base. Otra vez me disloco la ternilla del puente de la nariz y tuve que contarle que había sido un taponazo.

Stinky estaba subiéndose los pantalones, o tratando

de sacar una navaja del bolsillo trasero, no sabría decirlo.

—¿Dónde están tus chicas, Manny? ¿No tienes ninguna?

El mayor, Bobby, se acercó y me echó un brazo por los hombros muy despacio. Pensé que quizá quería darme con los nudillos en la cabeza, pero en vez de eso se puso a mirarme la oreja como si mirase por un microscopio. Luego, empezó a enredar con el cuello de mi camisa, retorciéndolo alrededor del dedo. Su aliento tenía un olor fuerte, a cerveza y cerdo agrio.

—¿Crees que tu papá podría proporcionarnos algunas chicas, Manny? —dijo—. Tu padre sabe mucho de eso, ¿eh? —Tiró del cuello—. ¿Qué dices, Manny?

Después me pegó un fuerte tirón de cuello. Me eché atrás para guardar el equilibrio, pero resbalé y me machaqué la cadera contra la acera. Me puse en pie en un abrir y cerrar de ojos, por no aguardar allí tirado con los García a mi alrededor. Sentí dentro de mí una especie de nudo que me dejó helado, y después empecé a temblar como una hoja. Hasta el pequeño Tommy se daba cuenta de que yo estaba muerto de miedo. Saltaba arriba y abajo, moviendo con furia sus esmirriadas piernas, y cerraba los puños por encima de las orejas.

Stinky, a su vez, me empujaba hacia atrás, apretando la palma de la mano contra mi pecho.

—Eh, Manny, ¿por qué no me arreglas una cita con tu hermana?

—Ella no quiere salir con nadie —dije, y en seguida supe que había sido un error hablar.

—Oh, vaya, ¿por qué no? ¿Qué? ¿Es demasiado buena para mí? ¿Acaso ahora cree que es demasiado buena para mí?

Stinky apretaba el puño cerca de mi cara. Podía ver entre sus nudillos unas manchas brillantes.

—Mi padre dice que es demasiado joven.

—¡Demasiado joven! —estalló Stinky abriendo los dedos. Empezó a echar los brazos atrás—. ¡Debe de tener diecinueve años o así!

Entonces el pequeño Tommy, con gesto terco y ofendido, se mosqueó y plantó su pecho huesudo contra el mío. Tenía una gran mancha de porquería en la mejilla y un pegote de goma de mascar en el pelo despeinado. Me miró con su cólera enana, pero Stinky no había terminado y otra vez se abrió paso entre nosotros a codazos.

—¿Quién diablos se cree tu hermana que es? ¿La reina de Saba? Debería darte una patada en tu asqueroso culo aquí mismo, sólo para demostrarte que no hay nadie en el mundo demasiado bueno para mí.

Volvió a poner lentamente en marcha el puño, como si fuera a darme una paliza, pero entonces Bobby, que parecía adormilado, lo empujó a un lado.

—¡Lárgate, Stinky! Sólo es un mocoso.

—Eh, es Manny quien quiere pelea, no yo —exclamó Stinky levantando la voz—. ¡Mira, Bobby, me amenaza con el puño!

Cuando Bobby se volvió, Stinky vino otra vez y me atizó un golpe en la barbilla; sentí el tufo de sus dedos cerca de mis narices.

—¿No querías pelea? —dijo dando un paso atrás y moviendo los pies como un boxeador.

Stinky estaba muy pagado de sí mismo. Empezó a hacer el payaso, a airear los brazos y a farolear lanzando golpes a mi cara.

—Te romperé la nariz otra vez, chico —dijo chasqueando los dedos—. Te haré más grande ese bollo de la nariz. Perderás un par de kilos sólo con aguantar mis puñetazos.

Bobby apartó a Stinky y se volvió a mí con una voz empalagosa:

—¿Qué ocurre contigo, Manny, es que no te gustamos?

Y sin más, perdieron interés por mí y echaron a andar por la pradera. El nudo helado que tenía en el pecho empezó a deshacerse, pero no me moví pensando que si lo hacía, darían la vuelta y empezarían a atemorizarme otra vez. Cuando estaban un poco más lejos, Stinky se volvió y me saludó con la mano, como si yo fuese su mejor amigo. Es posible que lo creyera, a pesar de tantas veces como me había pegado.

—¡La próxima vez voy a darte una patada en el culo! —dijo sonriendo.

Decidí regresar a casa porque no quería arriesgarme a encontrármelos otra vez. Las nubes dejaban en el cielo unas marcas que parecían pisadas de gigante, pero el sol calentaba y echaba chispas en el horizonte. Era como andar en un océano hirviendo.

Cuando llegué a casa, todo estaba tranquilo. Vi a Magda por la ventana de su habitación, limpiando motas de polvo de sus discos. Pedi estaba jugando en el porche con una pelota de golf que Nardo había robado en Bonneville Lakes. Le revolví el pelo y entré.

33

Mi padre estaba sentado en el sofá del cuarto de estar, con los pies apoyados en la mesa, bebiendo una lata de cerveza y sorbiendo traguitos de tequila de una botella de medio litro. En la cocina, mi madre estaba fregando la encimera. Llevaba el pelo negro recogido en un apretado moño y una bata de flores estampada, con las mangas infladas como bizcochos.

A mi madre le volvían loca las películas. Si la música de la tele se aceleraba, sacaba la cabeza por la puerta y observaba la acción. Si había muchos diálogos, restregaba con fuerza las margaritas del linóleum. Pensé que iba a agarrarme del cuello y arrastrarme hasta la pila para que fregara los platos, pero lo que hizo fue decirme:

—*Mijo*, estás tapando el televisor.

—¿Qué estás mirando?

—Una película de Tony Curtis.

De pie detrás de la barra de un bar, Tony agitaba unos cubitos de hielo en un vaso y les daba vueltas en suaves y románticos círculos. Sus ojos lanzaban destellos a alguna dama rubia de aspecto llamativo —Marilyn Monroe o tal vez otra— repantigada en un ondulante sofá. La rubia no sospechaba nada. O quizá sí. Mi madre seguro que lo hacía. Conocía a Tony.

Mientras seguía allí plantado contemplando de vez en cuando los guiños de la tele, mamá me agarró por el hombro y me empujó a un lado.

—¡Muévete, *mijo*! —dijo estirando el cuello.

A pesar de estar sentado cerca del televisor, mi padre hacía como que no miraba, aunque se había interesado por las escenas en que los ojos de mamá se pegaban a Tony. Había estirado las piernas por encima de la mesa para tapar parte de la pantalla, consciente de que eso la hacía rabiar, pero ella trataba de ignorarlo. Después de un rato, mamá entró en el cuarto de estar como empujada por la fuerza de la gravedad. Se sentó en el brazo del sofá y apoyó la barbilla en la mano. Tony estaba tan cerca de la dama rubia que sus pestañas podrían enredarse en cualquier momento. Entonces papá se levantó enfadado, arremetió contra el aire y trotó hasta el baño. Se lavó, se dio loción a bofetadas y se alisó el pelo con brillantina. Salió vestido con una camisa blanca y pantalones negros, como si fuese a un funeral. Ocasión que ni pintada para quedarse a mirar cómo Tony se besuqueaba con la dama rubia, mientras mi madre se desvanecía. Iba a volver a los billares de Rico, para ver si podía enganchar otra vez su buena racha de carambolas. Se quedó durante un minuto de pie junto a mamá, para ver si ella levantaba los ojos, después sonrió maliciosamente, recogió sus llaves y la botella de tequila y se largó.

Mamá seguía viendo la tele, pero seguramente estaba pensando que hubiera podido gritarle a papá por dejarnos morir de hambre, por el alquiler que no pagaba o por el trabajo que le esperaba en cualquier parte del mundo para darle una última oportunidad; pero estaba cansada de todo eso. Sabía que si lo acribillaba con demasiadas quejas lo único que conseguiría sería aumentar su tozudez, empezaría a dar vueltas por la casa durante horas, refunfuñando y haciendo el vago hasta hacerle perder la paciencia.

Oí fuera el motor del coche, pero no arrancaba.

35

—¡Maldita sea! —gritó papá.

Descorrí las cortinas y lo vi peleándose con el cambio de marchas, que a veces se encallaba. Pateaba el suelo y sacudía el volante; después aflojó las manos y me miró fijamente, como si yo no fuera más que hierbajos que algún día tendría que arrancar del jardín.

Mamá se levantó, se puso detrás de mí y apoyó las manos en mis hombros. Olían a amoníaco. Vimos cómo papá se apeaba del coche y cruzaba el aparcamiento refunfuñando. Las enorme nubes del cielo se habían desvanecido y el viento ya empezaba a suavizar el calor de la tarde. Pedi estaba todavía en el porche, borrando algunas huellas de gorriones en el cemento polvoriento.

Dos de los hermanos García, Bobby y Stinky, salieron de detrás de la casa de nuestra vecina Sofía y siguieron a papá, riendo y empujándose uno a otro. Le tiraban trocitos de grava, tratando de colárselos por el cuello de la camisa, pero él sólo daba manotazos al aire detrás de su cabeza y seguía andando.

Me di la vuelta y vi latir las venas en el cuello de mi madre. Me miró y, con una extraña sonrisa, me pellizcó las mejillas con los dedos, provocándome pequeñas punzadas dolorosas. Cuando se fue, me ardía la cara como si la tuviera al rojo vivo.

3

CARIDAD

Al día siguiente, mi madre empezó a hacer planes para el futuro. Quería que yo fuese a una escuela mejor que había en la otra punta de la ciudad, donde se educaban todos los chicos blancos. Así que tomé el autobús 42, bajé por la avenida Chandler, anduve dos manzanas más hasta llegar a las paredes oxidadas color marrón de mi escuela y presenté una nota de mi madre para la señora Kingsley, la secretaria. Mi madre había oído rumores de que en mi escuela no gustaba que los chicos se fuesen, y a veces complicaban los trámites durante meses. Por eso quería que yo personalmente recogiera el certificado con mis notas.

La señora Kingsley era mayor, con gafas de culo de vaso que colgaban de una cadena de plata que llevaba al cuello. Tenía una cara pálida, labios muy pintados y, en el cuello, arrugas suficientes como para hacer un paracaídas. Después de darle la nota —parecía saber de qué se trataba, pero de todas maneras me pidió que la leyera, yo creo que para comprobar mi nivel de inglés—, sacó una carpeta de un archivador chirriante y, con una sonrisa de «yo sé más que tú», me tendió el expediente. De paso, echó un vistazo a lo largo de mi brazo y, cuando yo estaba a punto de agarrar la carpeta, la soltó como si una lombriz se hubiera estrellado encima al caer desde el techo.

Mientras esperaba el autobús pensé en llamar a mi padre para ver si quería llevarme a casa, pero supuse que estaría aún durmiendo la mona de la noche anterior y probablemente me mandaría al infierno. Además, mamá quería guardar en secreto lo de cambiar de escuela. Pensaba que los estudios me permitirían licenciarme en lugares que harían brillar sus ojos. Mi padre, en cambio, creía que debía abandonar la escuela por completo y conseguir un empleo de lavaplatos. «Empieza por abajo y ábrete camino hasta llegar arriba», solía decir. Sólo que la mayor parte de la gente que él conocía, empezaban por abajo y se abrían camino por los lados.

Me quedé colgado mirando el movimiento de coches en la calle. Se subían al bordillo tratando de amontonarse en la gasolinera de la esquina. El empleado era un tipo grande y musculoso, con el pelo descolorido, y enjambres de espinillas inflamadas en la cara y en el cuello. Ponía gasolina en los coches, les daba latigazos con la manguera como si fueran ganado y limpiaba las ventanillas de mala gana. Ninguno de sus clientes parecía preocuparse mucho, quizá porque no querían tenérselas que ver con un tío fornido que escupía semillas de girasol.

Estaba entretenido mirando, cuando apareció mi antiguo profesor de Historia, el señor Hart, y se paró a mi lado. Yo lo recordaba porque su tema favorito era la guerra de Secesión. Estaba chiflado por el general McClellan, de quien aseguraba que era un genio militar y que sólo necesitaba una oportunidad para llevar a cabo sus sofisticados proyectos bélicos. Por supuesto, en el campo de batalla, Robert E. Lee hizo picadillo a McClellan, pero eso le importaba un comino al señor Hart; lo que contaba era la belleza del plan. Recuerdo que una vez, durante la clase, después de hablar con ojos llorosos de la batalla de Gettysburg, el sabihondo de Malcolm Augustus dejó escapar una risita disimulada y toda la clase estalló en carcajadas. El señor Hart se ruborizó.

Al principio hizo como que no me reconocía, después levantó las cejas:

—¿Qué estás haciendo aquí?

—He venido a recoger mi expediente.

—¿Para qué diablos lo quieres?

Parecía preocupado, así que se lo dije:

—Mi madre quiere que vaya a la escuela Hawthorne, la que hay al otro lado de la ciudad.

—Hummm... —dijo mirando mis zapatos—. Tienes buenas notas. Eres un chico muy listo.

Estaba pensando intensamente, pero seguía mirando mis zapatos. Era un viejo par de mi padre, que los perros habían mordido una vez que los había dejado fuera. Como eran dos tallas mayores que mi número, los pies me bailaban dentro. La lengüeta del zapato izquierdo colgaba por fuera y el derecho tenía una raja que partía la suela. Ninguno de los dos tenía cordón suficiente para agarrar más de tres agujeros.

—¿Qué has hecho este verano? —preguntó el señor Hart recuperándose de sus pensamientos.

—He estado trabajando en varios sitios.

Yo hablaba correctamente con el señor Hart, quizá demasiado correctamente. Era uno de esos profesores nerviosos que se desconciertan si se les habla con naturalidad. Siempre vestía pantalones bien planchados y camisa blanca con corbata negra fina que parecía un signo de admiración. A mí me gustaba porque no era uno de esos profesores de película, con el que las chicas se ríen tontamente y al que los chicos respetan, de esos que actúan como si fueran tus camaradas y en realidad son sólo fisgones que acaban denunciándote por fumar en el recreo.

—Eso está bien, muy bien, Manuel —dijo—. La mayoría de los chicos no se dan cuenta de lo que valen, ya sabes.

Escondí el zapato de la lengüeta colgante detrás del otro, arrepentido de habérmelos puesto.

—¿De cuánto dinero disponéis para la escuela? —preguntó sonriendo, pero sin enseñar los dientes.

—Bueno... —dije yo—, tenemos suficiente.

Buscando las palabras —y sobre todo para que no mirase mis zapatos—, le conté que habíamos ido a San José, pero que fue para recoger higos y sólo por una semana. Nunca fuimos a ver la ciudad.

El señor Hart sonrió otra vez, todavía sin enseñar los dientes, y se frotó la barbilla. Después se dio golpecitos en la nariz, sacudiéndose unas escamas que le habían quedado colgando. Era asqueroso.

—Manuel, ¿alguna vez te has parado a pensar que quizá tengas que ir a otros sitios, tener otras experiencias?

—Bueno, en realidad, señor, nunca lo he pensado. Estudió mis zapatos un poco más.

—¿Qué tal si te llevo en coche a casa? —dijo, frotándose el dorso de la mano.

Antes de que pudiese desatascar la sorpresa de mi garganta, metió la mano en el bolsillo, sacó un sobre pequeño y un lápiz, y garabateó algo.

—Te llevaré a tu casa dentro de un ratito. ¿Por qué no vienes conmigo?

En ese momento apareció el autobús y me acerqué al bordillo, dándole las gracias, pero sin estarle agradecido. Movía las manos para apartar sus ojos de mis zapatos, pero él seguía mirándolos. Estaba a punto de saltar al autobús y perderme entre la gente, cuando él sonrió, esta vez agradablemente y con profusión de dientes. Me agarró del brazo.

—Ven. Puedes hacerme compañía —dijo.

Seguí con los ojos al autobús de rayas color naranja que se alejaba mientras él me tiraba del brazo. Al darme la vuelta, el señor Hart movía la cabeza y sonreía mirando al suelo.

La escuela había permanecido cerrada durante el verano, excepto el edificio de la administración y algunos pabellones para las clases de medio día del verano. El despacho del señor Hart estaba en el segundo piso, al lado de la clase de mecanografía. Al faltar el ir y venir acostumbrados, nuestros pasos retumbaban en el pasillo.

El señor Hart me llamó con la mano a su despacho y me preguntó dónde vivía. La habitación olía a sal, no a sal de mar, sino a un salado mohoso, parecido al del papel, como el que despiden los libros. Me invitó a sentarme, pero me quedé de pie. Entonces me enseñó lo que había escrito en el sobre. Decía: «Dar 20 dólares al chico Hernández». Señaló la cantidad y preguntó si era bastante.

—¿Bastante para qué?

—Bastante para material escolar. Ya sabes, papel, lapiceros, carpetas y cosas de ésas. Las necesitarás en tu nueva escuela. —Alzaba la voz para que sonase oficial.

Me sentía demasiado violento como para decirle que lo de ir a otra escuela sólo era un sueño de mi madre —otro más, que probablemente no llegaría a cumplirse nunca—, así que le aseguré que tenía dinero y para demostrarlo hice sonar los bolsillos dándoles palmaditas. Él asintió y después dobló el papel. De todos modos, echó mano de su cartera, la abrió y tiró de uno de los muchos billetes. Luego, un poco apurado, se aclaró la garganta, me agarró la mano, e hizo como si la estrechase mientras me pasaba el dinero.

Cuando por fin nos fuimos, el sol estaba como pastoso y el aire era tan pesado que se soportaba mal. Después se levantó un poco de viento, pero en vez de ser fresco echaba chispas calientes en la cara.

Una vez en su coche, el señor Hart, nervioso por el calor, aceleró el motor y pisó el embrague. Yo bajé la ventanilla cuando salimos del aparcamiento y el viento me sacudió la cara con una oleada de calor.

El señor Hart decidió no ir avenida Chandler abajo

hasta el barrio donde yo vivía. En lugar de eso, me llevó dando un rodeo al otro lado de la ciudad, bajando por la avenida Nestlé, donde decía que estaba mi nueva escuela. Desde la ventanilla veía el césped limpio y verde de las casas más cercanas a la carretera, construidas con esmero, y los caminos de entrada sin manchas de aceite. Yo sólo había estado allí unas cuantas veces, para ver los decorados de Navidad que eran las principales atracciones en diciembre. Renos atados y Papás Noel de carrillos colorados corriendo por la falsa nieve de los tejados; Jesús, como un bebé en pañales y caravanas de camellos con los Reyes Magos reluciendo entre los focos colocados al otro lado del césped. En esa época del año, toda la avenida brillaba con luces y adornos de Navidad.

La verdad es que no tenía ganas de hablar. Lo máximo que decía era «sí, sí», cada vez que el señor Hart juntaba los brazos por encima del volante como esforzándose en unir unas cuantas palabras. Detrás de la selva de arces y pinos debía de haber casas, aunque no podían verse desde la calle. Lo máximo que se alcanzaba a ver era la pendiente de un camino de entrada o el reflejo del sol en una ventana a lo lejos. Apoyé la barbilla en el salpicadero y dije:

—Hay gente rica por aquí, ¿eh?

—Sólo es un sitio más para vivir —dijo el señor Hart suavemente—; clase media alta.

Por el tono de su voz podría decirse que le había decepcionado que yo estuviese excitado, pero yo sólo estaba asustado. Asustado de todos los chicos nuevos con los que me encontraría; chicos diferentes, de la clase que vivía en casas como aquéllas. El señor Hart sonrió y me dio palmaditas en el hombro.

—Seguramente tiene usted razón, señor Hart —dije nerviosamente.

Cuando al fin nos acercamos a nuestro barrio, le pedí que me llevara por la parte de atrás y me dejara fuera, junto a la acequia, cerca de la casa de Frankie. Él no sabía que aquello estaba lleno de fisgones. La gente desocupada que vagaba por allí, delante de sus porches, verían algo sospechoso en un tipo blanco que lleva a alguien a casa en un coche color crema.

Si mi madre estaba en el patio delantero, por ejemplo, regando las plantas o algo así, con toda seguridad tendría un ataque al corazón. Pensaría que venían a quejarse de una oficina pública; o peor aún, creería que uno de esos coches de policía camuflados traía a casa a su hijo, para torturarla psicológicamente antes de encerrarme para siempre.

El señor Hart no me hizo caso en lo de dejarme junto a la casa de Frankie y fue derecho al aparcamiento. Por suerte, mamá no estaba en casa. Pero mi padre sí. Cuando salimos del coche, estaba arrancando hojas de menta junto al grifo del agua. Me fulminó con la mirada y mis pulmones empezaron a desprender un poderoso vaho helado.

Mi padre la tenía tomada con los blancos como el señor Hart, que tenían buenos empleos y llevaban camisas blancas y corbatas negras. No importaba que fuera mi profesor y lo bastante amable para llevarme en coche a casa. No importaba que, se dijera lo que se dijera de él, el señor Hart fuera un buen tipo. Lo que le importaba a mi padre era el posible pánico que yo podría causar a mi madre, o algo peor: que él tendría que darle las gracias a un hombre blanco por traer a su hijo a casa. No importaba cuántas formas sofisticadas de convencerlo pudiera usar yo, nada haría entrar en razón a mi padre. Permitir al señor Hart traerme a casa era el peor ácido que yo podía haber derramado en su estómago.

Pero no dijo nada. Cuando nos apeamos del coche estaba examinando cuidadosamente los tallos de menta verde y quitando con los pulgares la suciedad. Saludó al señor Hart con una inclinación de cabeza.

—¿Cómo está usted? —dijo el señor Hart avanzando hacia él y tendiendo la mano.

«¡Oh, no! —pensé—, papá le va a dar un manotazo.»

Pero sólo dijo:

—Bien, estoy muy bien.

Lo dijo amablemente, disculpándose por no estrechar la mano del señor Hart señalando la menta sucia. Con la boca cerrada como si fuera de piedra, siguió separando los tallos. Cuando el señor Hart se volvió para admirar el patio, papá levantó los ojos y me lanzó una mirada que podría agrietar el hormigón.

Pensé que el señor Hart iba a decir alguna estupidez, como qué agradable era el patio, o qué bien quedaba nuestra casa en él. Si lo hubiera hecho, papá lo habría aniquilado.

Felizmente no dijo nada, y cuando se volvió otra vez, yo bajé la cabeza rápidamente. Aun así, sentía los ojos de mi padre taladrándome el cráneo, aunque frente al señor Hart era una balsa de aguas tranquilas apenas rozadas por el viento.

45

Por fin, después de un par de minutos de moverse por allí nerviosamente, el señor Hart dijo adiós y otra vez trató de estrechar la mano de mi padre, que levantó la menta como una última excusa.

Cuando se hubo ido, papá se acercó y me miró directamente a la cara. Sus ojos estaban negros y muertos, como si una rabia profunda les hubiera arrebatado la luz. Yo quería correr, pero no podía mover las piernas. Mi corazón se aceleró cuando él tiró al suelo la menta y me agarró bruscamente por los hombros. Metió la mano en el bolsillo de mi camisa. Como era una camisa heredada de Nardo, me estaba grande y cuando papá tiró, el bolsillo bajó casi hasta el ombligo. Dio un tirón a un trozo de pelusa aplastada. Después, clavó los dedos en los bolsillos de mi pantalón y, con un gruñido de satisfacción, sacó el billete de veinte dólares.

—¿Esto te lo ha dado él? —preguntó furioso, mientras los tendones del cuello le latían como si el aire entrara a grandes bocanadas.

En realidad, no esperaba respuesta. Me miró con ojos vidriosos y después se volvió hacia la casa. Al llegar a la puerta se dio la vuelta en redondo, señaló el retrato del presidente en el billete de veinte dólares y dijo:

—Tú no crees que yo conozca a esta clase de gente, ¿verdad?

4

LA BALA

El billete de veinte dólares se lo pulió mi padre en una borrachera. Una vez que empezaba una juerga, no paraba hasta que no le quedaba un céntimo en los bolsillos. No vino a casa durante dos días. El segundo día, estábamos todos sentados a la mesa, delante de unas patatas sazonadas con salsa de chile y tortillas de maíz, escudriñando las paredes como buscando grietas, y por fin mi madre dijo que sería mejor ir a buscarlo.

Yo había comido sólo cereales por la mañana y el estómago me rechinaba como dientes hambrientos; no estaba de humor para ir otra vez a casa de Rico. Pero conocía a mi madre. Hasta que no se solucionara el problema de papá, no permitiría comer a nadie. La salsa roja de chile ya estaba espesando encima de las patatas, y las tortillas se doblaban como discos al sol.

—¿Podrías cuidar de la niña mientras estamos fuera? —preguntó mamá a Magda, quien la apuñaló con los ojos.

Habían estado discutiendo toda la mañana y habían establecido un civilizado pacto de silencio entre ellas.

Cuando mamá y yo entramos por la puerta del salón de billares, los amigos de mi padre levantaron la cabeza, pusieron los ojos en blanco y se echaron atrás el pelo. Rico, que siempre estaba enredando con el cuello de la camisa, dejó caer las manos y se aclaró la garganta. Llevaba el pelo peinado con un tupé y tenía el aspecto de un peluquero remilgado. Mi madre preguntó por papá y Rico empezó a golpetear con el dedo en el mostrador y dijo que se había ido a casa.

Por la manera de decirlo, demasiado indiferente, nerviosamente desenvuelta, demasiado culpable, mi madre sospechó de inmediato. Empezó a recorrer el bar con los ojos en un arco errante y lento, y después se fue a los servicios de caballeros, erguida como la vara de un zahorí. Allí encontró a papá escondido en un retrete.

Aunque la verdad era que ella no quería avergonzarlo delante de sus amigotes, y aunque mi padre parecía tranquilo, podría decirse que mamá lo había metido en cintura. Pero él se dirigió al mostrador lo más dignamente posible y pidió una cerveza. Rico contestó que no podía darle más crédito. Al oír esto, el señor Sánchez, nuestro vecino, hizo girar su taburete en la barra y dijo:

—Mano, yo te pago la cerveza —y al sacar el dinero estuvo a punto de caerse del taburete.

Rico dio vueltas a los veinticinco centavos que Sánchez había sacado del bolsillo.

—Guarda tu dinero. Manuel tiene que ir a casa.

—No, no, yo quiero pagarle una ronda —dijo el señor Sánchez, que había estado bebiendo.

—No, se va a ir a casa con su mujer —insistió Rico con suavidad.

A la luz de la sala, las ondas de su pelo engominado brillaban como destellos de alquitrán. Dirigió una forzada sonrisa de disculpa a mamá, que se tocó el pelo como si estuviera revuelto. Entonces mi padre dio una fuerte palmada en el mostrador, que nos sobresaltó a todos, y dijo:

—¡Si quiero una cerveza, me tomo una cerveza!

Rico se limitó a mirarlo sin pestañear.

Papá estaba enfadado, pero no lo bastante borracho como para montar el número. En el peor de los casos, me hubiera dado a mí un par de hachazos. Se volvió a mirarme como si efectivamente fuese a hacerlo, pero se contuvo.

—Ah... el *Perico*. ¿Cómo te va hoy, *Perico*?

Perico, o loro, era como me llamaba papá a veces. Era por un refrán mexicano sobre un loro que se queja del calor que hace a la sombra, sin darse cuenta de que está metido en el horno. La gente suele decirlo cuando hablan de personas ignorantes que no saben por dónde andan en este mundo. La verdad es que no creo que mi padre lo dijera porque pensase que yo era tonto, sino porque confiaba demasiado en la gente, porque me metería derecho en el horno por confiar en las personas, listas o tontas.

Mamá empezó a darse cuenta de que mi padre estaba más enfadado de lo que aparentaba. Me asió del hombro y me hizo salir por la puerta. Unas chicas salían del Teatro Azteca, riéndose y tirándose de las trenzas unas a otras; había una furgoneta en la acera, con unos diez niños dentro alborotando. Al mirar atrás, vi a papá inclinarse sobre el mostrador y frotarse la barbilla como si le doliera.

Mi madre me hizo marchar de prisa, pero echaba rápidas miradas atrás, para ver si papá nos seguía. Torcía la boca de forma rara y farfullaba palabras que yo no podía oír por el zumbido de los coches. Me hacía avanzar a empujones, me tiraba de la camiseta, e incluso un par de veces me golpeó en el hombro. Cada vez que un coche cambiaba de velocidad en la calle, yo pensaba que era papá parándose a nuestro lado para hacernos subir. Cuando regresamos al barrio, la hierba brillaba con diminutos chispazos de luz.

Magda se estaba poniendo crema en la cara y mamá le dijo que se fuera en seguida a visitar a su amiga Linda, que vivía un poco más abajo. No tuvo que decírselo dos veces. En tres segundos, Magda salió por la puerta quitándose la crema con una toalla. Mi madre suponía que papá volvería a casa de un humor de perros, pero que no me haría nada porque en el fondo me quería. Me dijo que me quedara en casa y vigilara a Pedi, que estaba dormida; después escribió algo en un pedazo de papel, lo dobló y lo puso encima de la mesa.

Al llegar a casa, mi padre tiró el cigarrillo en el porche y luego lo pisó con el tacón. El aire del atardecer parecía haber devuelto el equilibrio a sus piernas, porque caminaba más derecho. Iba sacudiendo un palo contra su pantalón. Sacó otro cigarrillo, pero lo dejó sin encender entre sus labios.

Como a veces mi madre limpia el suelo por la tarde, él iba con cuidado para no pisar en lugares resbaladizos. Una vez dentro, aguzó la vista en la penumbra y levantó la vara hasta los ojos, ordenándome por señas que me fuera a mi habitación.

Cuando trabajaba para el ayuntamiento, cada día de cobro papá solía llegar a casa cargado con bolsas de comida. Entraba en el cuarto de estar y todos los cuadros, figuritas y animales de cristal que mamá coleccionaba centelleaban a la luz que se colaba por la puerta. Era como si su llegada los hiciese brillar. Ahora venía a casa tarde, sin nada —sin dinero para el alquiler, sin dinero para el coche, sin dinero para comida, sin ningún brillo—. Y casi siempre llegaba bebido, con la cara embotada por la borrachera, divagando sobre cómo había perdido su empleo, o sobre si su dolor de espalda era tan irritante como el torno del dentista.

Papá tiró el palo en el sofá. Empezó a hablar solo con voz oficial y educada. Algunas veces sacaba esa voz de debajo de la lengua cuando quería hinchar las palabras para impresionarse a sí mismo. También con la intención de distanciarse de nosotros, convertirnos en extraños para que nada de lo que dijéramos pudiera afectarle.

—¡Estoy en casa! —anunció en voz alta—. Digo que estoy en casa, ¿no me oyes? —Miró al suelo y, aunque estaba recién fregado, hizo como si la suciedad le llegara a los tobillos.

—¿Qué es esto? ¿Qué es esta porquería? ¿Cómo puede un hombre venir a casa para encontrarse con esto?

Miró a su alrededor abriendo los brazos, como esperando que las paredes de la cocina le dieran la razón. Dio un paso hacia mí, después cambió de opinión y se sentó a la mesa de formica amarilla. El papel todavía estaba allí doblado, pero abierto porque yo lo había leído.

—¿Qué diablos es esto, maldita sea? —dijo. Dejó caer el cigarrillo sin encender al ver el papel—. Quiere dejarme. Eso es lo que quiere hacer —dijo mirando el papel.

—No, no es eso, papá —dije—. Aquí dice que va a arreglarse el pelo a casa de Sofía.

—Esa *pinche* de Sofía le llenará la cabeza de ideas —dijo papá, hundiendo las manos en los bolsillos y encogiéndose de hombros como si estuviera tranquilo.

Su cara, alerta desde que había atravesado la puerta, se suavizó y sus ojos recorrieron la cocina. Después se levantó y torció hacia el pasillo, dejando en el aire cargado de olor a amoníaco un tenue aroma de fijador, tabaco y cerveza. Se detuvo a la puerta de su habitación.

—Le ajustaré las cuentas —dijo.

Papá sacó su rifle del armario y, tras comprobar el cargador, empezó a buscar las balas, despertando a Pedi, que lloriqueó y se frotó los ojos. Abrió de par en par el armario del baño, tirando y golpeando con su mano de ebrio los cepillos de dientes, la crema de afeitar, los frascos de colonia que siempre compraba y nunca terminaba. Al recordar los lugares donde mamá le escondía sus botellas de licor, fue a abrir armarios dando tumbos, llegando al fondo de las estanterías y hasta detrás de las tuberías bajo el fregadero de la cocina. Desparramó la colección de animales de mamá, tirando abajo las vacas, cerdos, patos, incluso rinocerontes y un elefante, de cristal y cerámica. Con una sacudida del brazo le atizó a mi *Tiranosaurus* de plástico verde.

Estuve detrás de él todo el recorrido, y recogía y colocaba las cosas lo mejor que podía, tratando de no pisar a Pedi, que ya estaba despierta y ayudaba a papá a buscar las balas. Yo le pedía por favor que entrase en razón, pero después empecé a decir:

—Pero, papá, si matas a mamá te llevarán a la cárcel. Y entonces, ¿qué nos pasará a nosotros?

—Me importa un pimiento lo que te suceda a ti —cortó papá—, sólo a Pedi. ¿No es verdad, *mija*? ¿No eres tú la única que le importa a papá?

Pedi estaba ya completamente despierta y animada, movía las piernas y agitaba en el aire sus gordezuelas manos. En la despensa tropezó con las latas de tomate y judías verdes. Ella creía que papá estaba jugando, que iba a enseñarle cómo disparar el arma. Quería oírla hacer crrr... como en las películas. Quería ver desplomarse algo al final del cañón al apagarse el ruido.

—¡Pedi, no hagas tonterías! —dije.

—¡Tú te callas! ¡*Mija* está ayudándome, no tú! —dijo papá, y le dio una patada a la ropa que se había caído del armario.

—Papá —dije tratando de conservar la calma—, tienes que entenderlo, sólo te meterás en problemas.

Para él, mis palabras no tenían ningún valor.

—No me importan los problemas. Es una bruja. Estoy hasta aquí de ella.

Levantó el rifle de un tirón para señalar hasta dónde estaba de mi madre y al hacerlo se golpeó en la frente con el cañón. Pasó el rifle a la otra mano, se tocó con los dedos la frente y pareció aliviado al comprobar que no había sangre.

Por fin halló algunas balas en un cajón del tocador de mi madre, envueltas en uno de sus sujetadores viejos. En su prisa por desatar las cintas, desparramó las balas por el suelo. Esperó a que Pedi las recogiera, balanceándose sobre los talones. Ella llegaba bien a los rincones y a una que giraba como un molinillo debajo de la cama. Yo recogí una bala, pero me la metí en un bolsillo.

—Toma, papá, aquí —dijo Pedi, y le dio tres balas calibre 22. Agachó la cabeza para seguir buscando más, cuando papá salió por la puerta.

—¡Espera, papá, espérame! —chillaba Pedi corriendo detrás de él por el pasillo. Papá abrió la puerta de batientes hacia atrás y, al soltarla, le dio a Pedi en la cara. Se cayó de culo y empezó a llorar.

—¡Pedi, qué estúpida! —dije yo, y salí a toda prisa en busca de papá.

El cielo estaba rojo y hacía resaltar las casas, los árboles y los postes de la electricidad. Encontré a papá aporreando la puerta de la cocina de Sofía, diciendo que no fueran cobardes y lo dejaran entrar. Las luces de la cocina se apagaron y la casa quedó a oscuras, pero poco después una luz más débil se encendió en el cuarto de estar.

Yo corrí a la parte delantera, a tiempo de ver a mamá salir a toda prisa del porche, asustada. Llevaba rulos color rosa sujetos al pelo y un peinador atado alrededor del cuello. Algunas horquillas colgaban de sus rizos medio deshechos. Sabía que papá estaba enfadado. Ella sólo trataba de arreglarse un poco, pero papá no lo entendía, no sabía lo mal que lo había pasado al tener que avergonzarlo en la sala de billares. Corrió hacia el grupo de arces, cuyos troncos se destacaban gruesos y negros en la clara noche. Yo grité:

—¡Mamá! —e inmediatamente me di cuenta de mi error. Mi padre me oyó y dobló la esquina. Intentaba meter una bala en la recámara del rifle, pero se le resbaló y cayó al suelo donde quedó sobre una mancha oscura de porquería. Lo intentó con otra, pero esta vez se atascó en el cargador. Luchó con el arma cargada.

—¿Dónde? ¿Dónde está tu madre? —preguntó en un balbuceo.

—¡Por allí! —grité, apuntando al otro lado de la casa de Sofía.

Mi padre ni siquiera se volvió hacia donde yo señalaba. Con el rabillo del ojo la vio correr en la oscuridad y corrió tras ella. Cuando mamá desapareció detrás de un árbol, él se quedó inmóvil, adelantando las rodillas y con el rifle alerta y preparado. Por un momento la vislumbré al salir de puntillas de detrás del árbol. Papá también la vio y golpeó el arma cargada. Ella se asustó y echó a correr de nuevo, agachándose y escondiéndose entre los árboles, mientras papá, frustrado por no poder introducir la bala en el cargador y para que ella no se escapara, hizo como que ponía una bala en la recámara y apuntó. Incluso hizo ruido de disparos con los labios y mamá encogía los hombros cada vez que lo oía.

Entonces oí el coche de la policía. No las sirenas o el *blinc blinc* de las luces, sino el roce de los silenciosos y amenazadores neumáticos sobre el asfalto, un motor que reducía y se acercaba como un animal acechando. Sentí la garganta oprimida y las piernas de cemento.

—¡Vuelve a casa! —grité con voz espesa—. ¡Vuelve a casa!

Mi padre se detuvo y dio la vuelta. Vio el coche de la policía subiendo desde la calle que bordea nuestro barrio, después vio el *flash flash* de las luces avanzando hacia la casa.

—Vamos, mamá —grité haciéndole señas como un bateador—. ¡Viene la policía!

Ella se apresuró a venir hacia mí. Al llegar respiraba con dificultad y el pelo olía a los líquidos de la permanente.

Ya en casa, mi padre estaba de pie en medio del cuarto de estar, como si estuviese perdido, con el rifle colgando de su mano derecha. Mamá levantó a Pedi, que aún lloriqueaba, y le dio un azote en el trasero para ponerla en movimiento. Corrió las cortinas, apagó la lámpara y después fue al pasillo. Antes de llegar, todos oímos los zapatos de la policía rechinando en la acera y mamá se volvió rápidamente a papá, que sujetaba el rifle como si fuera demasiado pesado para él. Pensé que iba a abofetearlo, pero lo que hizo fue arrebatarle el rifle de las manos y correr con él por el pasillo.

Fue cuando entraron los dos polis. Al ver a papá por la puerta de tela metálica, se pusieron rígidos y apretaron las manos contra sus pistoleras de cuero. Pero al ver que no estaba armado aflojaron los hombros. Abrieron lentamente la puerta y entraron en la habitación, agachándose y mirando a su alrededor, como para ponerse a salvo.

Por desgracia, también vieron la sombra de mamá en la pared del pasillo. Debió de haberse quedado inmóvil, sin saber qué hacer con el rifle. Yo creí que a los policías les iba a entrar pánico y se iban a poner a disparar, tal vez pensando que mamá estaba allí para tenderles una trampa, pero parecieron darse cuenta inmediatamente de lo que pasaba.

Cuando mamá se movió, el poli que iba delante preguntó a mi padre por el rifle. Era un hombre grande, de brazos fuertes tapizados por una suave pelusa. Los dos botones del estómago estaban abiertos para dejar sitio a una barriga algo fofa.

—¿Qué rifle? —dijo mi padre y se enderezó tratando de parecer sobrio.

—¿Es usted el señor Hernández?

—Sí, agente, soy yo —y levantó la mano en el aire.

—Bien, señor —dijo el policía—. Tenemos aquí una denuncia sobre un hombre que estaba apuntando con una arma por el vecindario. —Encendió una linterna y enfocó por toda la habitación, desde la mesa de cristal de mamá, deteniéndose en el gran cuadro de la Última Cena, enmarcado en plástico decorado con querubines y ángeles en cada esquina. Después aflojó el puño y pasó el haz de luz de papá a mí, con un descuidado parpadeo.

—No sé de qué está usted hablando —dijo mi padre.

—La denuncia que hemos recibido, señor Hernández, pretendía que usted estaba tratando de disparar a su mujer.

—¡Eso es una locura! Mi mujer está ahí. —Señaló a mamá, que venía por el pasillo con Pedi agarrada a sus faldas y miraba a los policías con los ojos abiertos como platos.

—¿Señora Hernández? —preguntó el agente como si tratara de hacerla salir de la oscuridad.

Mi madre asintió y se tapó el pelo. Sujetó un rizo que le caía cerca de la oreja y miró a papá, que bajó los ojos.

—Señora Hernández —repitió el agente; se llevó el puño a la boca y soltó una tos áspera—, como le decía a su marido, hemos recibido la denuncia acerca de que un hombre trataba de dispararle a su esposa. La denuncia menciona esta casa y los nombres de ustedes dos.

Mamá no dijo nada. Sólo dirigió la mirada al techo y respiró profundamente, como si tomara aire para inflar un globo. Se quedó allí de pie un rato, con las manos en las caderas, conteniendo el aire en sus pulmones. Aparentaba tranquilidad, como si escuchase a lo lejos una suave música de guitarra.

Los dos agentes la estudiaron con curiosidad y se miraron entre sí, uno todavía alerta y con la mano en la pistolera y el dedo engarfiado como una garra sobre el gatillo.

El extraño silencio de mi madre despertó el pánico en papá.

—Nosotros no sabemos de lo que está hablando, agente —dijo, moviéndose hacia ella—. Nadie trata de hacer nada aquí. Rebeca, diles que no tenemos una arma.

Ella estaba con los ojos muy abiertos, conteniendo la respiración; pestañeó y después expulsó el aire de los pulmones y empezó a respirar profundamente, con regularidad, mientras se tocaba un rizo que colgaba junto a la oreja. Papá la incitó de nuevo con la palma de la mano para que dijera algo, pero ella sólo miraba a un lugar vacío en la pared.

—Como puede ver, aquí no pasa nada raro, agente —dijo mi padre nervioso.

—Bueno, señor Hernández, la verdad es que cuando entramos por la puerta vimos a su mujer aquí, llevándose lo que nos pareció una arma de fuego.

—Pero nosotros no tenemos ninguna arma de fuego —repitió papá una vez más, tratando de borrar sus sospechas.

El primer agente sonrió con suspicacia, después levantó la linterna e hizo un gesto con la cabeza al otro, que movió los ojos y, con la mano todavía en la pistola, pasó junto a mi madre y desapareció por el pasillo. Todos —papá, mamá, Pedi, el primer agente y yo— nos quedamos mirando, no mirándonos los unos a los otros.

Un momento después el otro agente volvió sujetando el rifle del 22.

—La encontré en la última habitación, debajo de la cama —dijo moviéndola con aire de triunfo.

El primer agente movió la cabeza despacio y suspiró, mientras se frotaba con el dedo una profunda arruga en la frente.

—Ahora, señor Hernández, quiero oír algo más acerca de que «no tenemos una arma de fuego», porque es obvio que aquí hay un rifle. Y no me diga que este rifle no es suyo, porque estoy completamente seguro de que sí lo es.

Suspiró otra vez y, con un lento movimiento de cabeza, agarró el rifle de la mano del otro agente. Lo enfocó con la linterna, lo inspeccionó, le dio la vuelta en la mano y entornó los ojos buscando una señal bajo el cañón. Por fin dijo, irguiendo los hombros:

—Señor Hernández, no quisiera tener que decirle esto, lo siento, pero vamos a tener que confiscar este rifle.

Vi helarse los ojos de mi padre.

—Usted no puede llevarse mi rifle —masculló con brusquedad, con una voz que yo sabía que acarrearía problemas.

—Señor Hernández —dijo el agente levantando aún más los hombros—, no parece haber ningún número de registro en este rifle. Va contra la ley tener una arma de fuego no registrada.

Entonces mamá, sin soltar a Pedi, se acercó y metió los dedos dentro de la presilla del cinturón de mi padre.

Al verlo, el primer agente movió la mano hacia ella con precaución y se acercó hacia su compañero, quien se inclinó para escucharlo, asintió y se volvió hacia mi padre.

—Señor Hernández, vamos a llevarnos el rifle. Si usted lo quiere recuperar, tiene que venir a la comisaría. Pero no le aconsejo que lo haga; honradamente, no se lo aconsejo. Estoy seguro de que el jefe querrá hacerle muchas más preguntas acerca de este rifle.

—No se lo lleve —pidió mi padre.

Tenía la voz ronca y empezaba a respirar con dificultad. Vi el color rojo que fluía por las venas del cuello y se acumulaba como un charco de vino bajo la oreja.

Entonces mamá tiró de la hebilla del cinturón, lo bastante para soltarla ligeramente, y vi con alivio que papá se relajaba un poco.

—Mire —dijo más tranquilo—, usted no puede llevárselo. Yo no iba a hacer nada.

El agente entornó los ojos y bajó el rifle a lo largo de su pierna. Puso la barbilla en el hombro e hizo una seña con el ojo al otro agente, quien al instante se puso alerta.

—Lo siento, señor Hernández —dijo—, lo vamos a detener por posesión de una arma de fuego ilegal.

Antes de hablar más, y como si estudiase sus propios movimientos, el segundo agente se acercó a mi madre y muy despacio, tratando de mostrarse educado, sacó su mano del cinturón de papá. Luego, con suave y relajada rapidez, le sujetó los brazos a la espalda y lo esposó. Mi padre parecía aturdido por la velocidad con la que el agente trabajaba. Todo lo que pudo decir fue:

—No puede llevarse el rifle... no puede hacerlo —con una voz que se convertía en súplica.

El primer agente se volvió hacia mi madre y levantó una mano para disculparse.

—Señora Hernández, le aseguro que siento todo esto. Créame.

Pero mamá no lo escuchaba. Todavía parecía estar oyendo algo en el aire. Después, su cara fue despertando y se volvió al agente que se llevaba a papá.

—Lléveselo —dijo primero con suavidad, y añadió con decidida rabia—: Adelante, ¡lléveselo!

Después de irse la policía, mamá se dejó caer en el sofá y estuvo un rato mirando al suelo. No parecía cansada, era más bien como si los músculos que necesitaba para mover la cara estuvieran entumecidos. Las cortinas estaban echadas y no había luces encendidas, pero mis ojos se habían acostumbrado a la oscuridad. Las paredes de la habitación, como en todas las casas del vecindario, estaban enyesadas y pintadas de blanco, pero en la oscuridad todo parecía gris. El marco de la Última Cena, con su borde dorado de ángeles y querubines, parecía tan gris como un acorazado de plástico. Incluso el cristal de la mesa tenía un reflejo gris.

Al ver una mancha oscura en el suelo, mamá se agachó y levantó un burrito, lo miró y le dio vueltas suavemente entre los dedos, como si esperase que echara a andar de repente.

—¿Sabes? —dijo—. Ni siquiera tengo una aspiradora. Sofía tiene una. Y también la señora López. Cuando vino la policía, oí la aspiradora de la señora López. Sonaba como si de verdad recogiese la suciedad.

Desde que un hombre vestido con un traje de cuadros escoceses, que llamó a nuestra puerta, le había hecho una demostración, mamá siempre había querido tener una aspiradora. El hombre echó polvo y ceniza de cigarrillos en la alfombrilla del cuarto de baño y, ante nuestros asombrados ojos, lo hizo desaparecer.

—Hay un sistema para que usted pueda sujetarlo con la mano —había dicho—. De esa manera puede utilizarlo en los dormitorios y en los rincones, y no necesita mopa ni escoba. Hace todo el trabajo por usted.

Sentía las piernas débiles, como si me hubieran puesto un enchufe en los tobillos y hubiera agotado mi energía; me senté en el sofá.

—Mamá, mamá —dije.

No escuchaba. Reclinada en el sofá, apoyaba el brazo en la frente, como si el calor fuese inaguantable.

—Mamá —dije otra vez—. ¿Cuándo crees que dejarán salir a papá?

—Cuando yo haya pagado la fianza.

—¿Cuánto es la fianza?

—No sé. Pero es demasiado, eso sí lo sé.

Su voz sonaba amortiguada, como si hablase a través de un cojín. Colocó con cuidado el burrito en la mesa.

—Lo dejarán salir cuando a ellos les apetezca.

Me quedé un rato sentado en silencio con mamá, después me levanté y fui a la habitación de Pedi. Tenía la cara húmeda y febril y estaba llorando. Todo el alboroto había desatado algo malo dentro de ella y con los dos puños apretados con fuerza contra el pecho, trataba de aplacarlo. Metí la mano en el bolsillo, saqué la bala que había guardado antes y se la puse entre los dedos. Eso pareció tranquilizarla un poco.

5

EL JARDÍN

En el fondo, esperaba que mamá abriría de una vez los ojos y dejaría a mi padre, bien para vivir con la abuela algún tiempo, o bien para marcharse ella sola. O que papá se daría cuenta de lo cerca que estaba de su última oportunidad. Pero nada salió como esperaba.

El día que papá salía de la cárcel, mamá estaba muy nerviosa y nos ordenó limpiar esto o aquello. Se dio un largo baño usando el jabón cremoso de Magda, mientras cantaba himnos religiosos que había aprendido de niña, y se empolvó el cuello y los hombros.

Fuimos a buscarlo en el autobús y, cuando regresamos a casa, me quedé rezagado en el cuarto de estar, hojeando una revista científica que había encontrado tirada en la calle, detrás de la farmacia de Gidden; tenía una gran huella de una bota en la portada y el papel, que era satinado, estaba deformado por la lluvia, pero todavía era asombrosa, con sus fotografías de planetas de colores llamativos girando en un espacio negro y denso, y unos sonrientes dinosaurios luchando entre sí.

Mis padres se pasaron la tarde en la cocina hablando acerca de que las cosas iban a ir mejor. Papá prometió que nunca volvería a ir a ninguna parte sin decir a qué hora regresaría, y que iba a encontrar un empleo, pero a encontrarlo de verdad, no a buscarlo, porque para él, buscar un empleo suponía seguir en los billares con todos los que se dedicaban a buscar empleo. Mamá prometió que nunca más volvería a avergonzarlo delante de sus amigos. Y algunas otras cosas que no pude entender. Finalmente, después de hacerse promesas el uno al otro, se fueron a dormir a su chirriante cama.

Pasé mucho tiempo despierto, dándole vueltas a todo, asustado y a punto de derrumbarme. Entonces oí susurros fuera, junto al olmo, y en la ventana apareció la cara redonda de Nardo. Estaba borracho, con babas alrededor de la boca y los ojos acuosos y enrojecidos. Después de tropezar un par de veces, por fin consiguió levantar su trasero por encima del marco de la ventana y se dejó caer dentro.

Se puso de pie torpemente, mirando al suelo como desde un acantilado. Trató de quitarse los zapatos, pero lo único que hizo fue enredar más los cordones. Al verme despierto, empezó a preguntarme por papá, pero le hice callar con el dedo.

—Bueno —dijo tambaleándose—, ¿salió?

—Salió; y ahora ¡cállate!

Él se sentó y se quedó un rato mirándome.

—¿Qué...? ¿Van a portarse bien otra vez?

—Eso dicen.

—Sí, los dos están locos, ¿sabes? Están locos.

—No tan locos como tú —dije, y me di la vuelta, me tapé el hombro y después me volví otra vez—. Si sigues hablando, van a venir a por ti.

—No me importa.

—Pues debería importarte, porque creo que prefieren pelearse contigo que entre ellos. Yo, en tu lugar, me echaría a dormir.

Nardo enroscó el brazo en el poste de la cama y después sonrió.

—Sí, es gracioso, muy gracioso —dijo moviendo la cabeza arriba y abajo—. Probablemente mañana ya estarán peleándose con nosotros, ¿no?

—Cállate y duerme —dije, cansado.

Se miró en el espejo que había junto a la puerta y vio un mechón de pelo fuera de su sitio. Trató de bajarlo presionándolo torpemente, pero siguió igual de tieso. Entonces se acercó al espejo y miró con atención, como si viese algo que antes no había visto. Se señaló a sí mismo perezosamente y siguió así largo rato, mirando al espejo y señalando, hasta que fue lentamente a la cama y cayó dormido.

Me desperté con la bombilla desnuda escociéndome en los ojos. Era por la mañana y papá estaba en el cuarto y respiraba con fuerza, como si acabase de salir de la ducha. Me lanzó un gruñido y zarandeó a Nardo para despertarlo; éste se llevó los puños a los ojos, todavía embotado por la melopea de la noche anterior. Papá se sacó el cinturón y empezó a sacudirlo contra el colchón, a la vez que nos amenazaba con quemarnos las piernas si no escuchábamos. Se quedó allí hasta que nos vestimos y nos llevó en el coche a casa de la abuela, sin desayunar.

Debió de ocurrírsele algún plan ingenioso mientras estaba en la cárcel, y ahora, después de toda aquella charla melosa con mamá, estaba dispuesto a entrar en acción. Yo hubiera preferido arrastrarme por un desierto de cactus y caer sediento en un lago de sal antes que escucharlo, pero nos tenía allí, en el coche, y su voz nos machacaba para que nuestras mentes no se distrajeran.

La abuela vivía en un viejo caserón de madera, en la confluencia de dos calles grises que el ayuntamiento había asfaltado por fin, después de resistirse durante años. El asfalto era barato, no había bordillos y con el sol se derretía y se llenaba de bultos. Desde entonces, pasar por allí en coche significaba un paseo peligroso por los botes y saltos continuos.

Papá abrió la puerta del coche, se echó atrás en el asiento y dijo que quería el jardín rastrillado y cavado antes de que volviera.

—Y quiero decir impecable —dijo señalándonos con un dedo amenazador. Se inclinó y cerró la puerta de golpe.

Para mi padre, limpiar un jardín quiere decir que hasta los bordes de hierba y las plantas tienen que arreglarse. Nos recordó que comprobaría nuestro trabajo para asegurarse de que cavábamos a su gusto las tobas de hierba que había junto a las rosas de la abuela y sacábamos cualquier animalejo o insecto pringoso que estuviese comiéndose los tallos. No podíamos decirle que iba a ser uno de esos días calurosos en los que el asfalto se ablanda y las hormigas salen furiosas de la porquería, y el ladrido de los perros es tan seco como la madera hueca. Pero aún era temprano y la primera hora pasó con sonrisas y pensando en la comida; nada más que unos pocos arbustos que cortar y hojas que rastrillar. Nardo tenía problemas con su resaca. Se movía perezoso y no hacía más que tragar agua de la manguera del jardín. Se le pasó un poco la borrachera al empezar a recortar los hierbajos amarillos que asfixiaban a las rosas. Había que arrancar los brotes más grandes de alrededor del nopal. Las raíces se hundían profundamente, y sabiendo que en un mes brotarían de nuevo, tiramos con cada músculo hasta que la mayor parte del tallo principal quedó desplumado.

Agotamos tanto nuestros brazos tirando de esas hierbas como cuando apilamos los ladrillos que había almacenado mi padre para construir una barbacoa. Encontramos un par de ciempiés paralizados debajo de un tablón y los aplastamos a pisotones. Hicimos saltar chispas con el hacha al cortar las raíces de un tronco muerto, y dejamos caer los pedazos en la carretilla con un ruido atronador. Cuando se acercó *Horacio*, el gato de mi abuela, estábamos cortando las últimas hierbas que crecían entre las flores. Nardo lo llamó, pero él se fue a acechar cerca del cerezo. Si un pájaro atravesaba el aire gorjeando, se ponía tieso, con la nariz crispada y las orejas ahuecadas como antenas de radar, después salía disparado a desgarrar con las uñas el tronco del árbol tratando de subir. Paramos cuando ya el sol me picaba como un sarpullido en la nuca y una lengua de lava empezaba a abrirme un surco en la espalda. La cara de mi hermano estaba hinchada, bruñida como una moneda nueva. Un canalillo de sudor se deslizaba por su nariz y goteaba en el suelo cerca de sus pies.

—Eh, ¿sabes una cosa? —dijo estirándose. Echó atrás los hombros y sus músculos se tensaron bajo la camiseta. Hizo explotar un grumo de tierra con un último golpe de azadón—. Voy a ver si encuentro algo de beber, ¿qué te parece? ¿Tú quieres algo?

—¿Por qué no terminamos antes?, sólo nos queda esto —dije, seguro de que, una vez dentro, el trabajo se habría acabado. Miré el cerezo, que brillaba al fondo del jardín, con las hojas vueltas que reflejaban la luz.

No era sólo un cerezo. Hacía mucho tiempo, el abuelo había cortado ramas e injertado brotes de diferentes frutas. Una rama daba ciruelas, otra almendras y otra melocotones, aunque la mayor parte eran cerezas. Cuando era la época se ponían rojas y lanzaban destellos, igual que las bolas de Navidad.

—Te esperaré aquí —dije señalando al cerezo.

—No, sigue trabajando, yo volveré a tiempo. No te preocupes, volveré.

Nardo hizo un movimiento para marcharse, pero al ver que me levantaba, me puso la mano en el hombro para asegurarse.

—¿No me crees? He dicho que volveré.

—No, si yo te creo. Sólo quiero asegurarme de que no vas a echar un sueñecito.

—¡No voy a echar ningún sueñecito! ¿Qué es lo que te pasa? —preguntó—. Pareces muy suspicaz últimamente. Te comportas como si fuera a largarme o algo por el estilo.

Como no dije nada, se puso el azadón sobre la rodilla, lo levantó en el aire de un golpe y después lo agarró rápidamente por arriba.

—¡Volveré, créeme!

No servía de nada discutir con Nardo. Era capaz de llegar al mismo punto desde veinte ángulos diferentes.

—Haz lo que quieras —dije moviendo la mano como si me pesara una tonelada—, pero yo voy a sentarme.

Ahora que yo había abandonado, él empezó a aligerar. Salvó los escalones de atrás de un salto y se paró frente a la puerta.

—Y luego me llaman vago a mí —dijo sonriendo.

Fui hasta el grifo arrastrando los pies y sacudiendo la suciedad de los pantalones. Tenía las articulaciones flojas y los labios tan agrietados como para sangrar si se me ocurría sonreír. Me había quitado la camisa hacía horas y, al apretar el dedo contra la piel del hombro, sentí el aviso de las quemaduras del sol. Se me ocurrió echarme agua, pero la sola idea me heló el cuello y los hombros. Hice cuenco con las manos para tomar agua, me lavé la cara y me sequé con la camisa antes de volver a ponérmela.

A medida que el sol se desplazaba hacia el borde del tejado, la sombra del cerezo se alargaba por el jardín, e iba formando una mancha en la hilera de cactus de la abuela. Agarré la manguera y los salpiqué con algo de agua, observando cómo los rizos de polvo caliente surgían de la piel verde llena de espinas.

Cuando Nardo volvió, traía en una mano dos vasos tintineantes y una jarra de bebida refrescante en la otra. Miró las nubes que se amontonaban por el oeste y frunció el ceño al ver el charco de agua espumosa como leche sucia cerca del grifo.

—¿No vas a trabajar más? —preguntó acusadoramente.

—No —contesté, mirándome las uñas medio llenas de suciedad.

—¡Qué demonios, vamos a dejarlo! Encorvó los hombros e hinchó los pulmones; después echó la cabeza hacia atrás y empezó a beber de la jarra con enormes tragos ruidosos. Luego llenó un vaso y lo terminó, removiendo los cubitos de hielo teñidos de púrpura. Puso la jarra sobre un taburete de madera.

—Además —dijo respirando fuerte—, la abuela está despierta.

—¿La abuela está despierta?

—Sí. —Apretó los brazos contra los costados fingiendo miedo—. Dice que acaba de despertarse de un sueño en el que el abuelo estaba sentado en la cama junto a ella.

Nardo estaba tumbado en la hierba, a la sombra, con los dedos entrelazados en la nuca. Tenía el pelo rizado, como el de mi padre, que brillaba al sol como chorros de agua. Yo miraba sus músculos sobre las costillas, donde la camiseta se le había subido, y pensaba en mi propio pecho fofo. Nardo sólo tenía una mancha de nacimiento en forma de mora en el hombro, que siempre frotaba si se acordaba. Yo tenía una cara que, según papá, resultaría hermosa en un caballo.

La abuela apareció por la puerta vestida con un quimono japonés floreado. Su vista no era muy buena, por eso venía a tientas directa a nuestras caras.

Nardo puso la jarra en el suelo y llevó el taburete a la abuela; ella lo miró un rato fijamente antes de sentarse en él. Yo tenía más apego a mi abuelo, que había muerto unos años antes; después de un ataque cerebral no podía reconocer a nadie, ni siquiera a sí mismo delante del espejo un día que lo sujetábamos para que se peinara. Una enfermedad acabó con los músculos de sus piernas y después con las historias sobre México que ardían en su corazón. Al final, su único recuerdo era el del desierto que cruzó para poner los pies en este país.

La abuela había tenido una cara tan bonita como la de una muñeca, porque cada noche se daba unos toques de crema para el cutis. Se sujetaba el pelo en moños y se lo teñía de negro como el de una jovencita. Ahora su cara estaba surcada de arrugas y tenía el pelo blanco y ralo. Todavía se perfumaba y seguía pintándose los labios, pero ahora las gotas de perfume se convertían en chorros y el lápiz de labios errabundo le embadurnaba la cara horriblemente.

Miró el jardín soñadora.

—Entonces sí que era bonito —dijo—. Era un jardín y todas las casas tenían uno, tan luminoso que cegaba.

Recordaba pasear entre las flores, aspirando olores que hasta en el cielo envidiarían. Mi hermano y yo echamos un vistazo alrededor, tratando de imaginar tal maravilla, pero lo que vimos no era tan agradable como lo que la abuela recordaba. Traté incluso de imaginarme a los vecinos que ya no había, excepto carretera abajo. Uno por uno, todos se habían ido marchando. Tuvo que darse cuenta de nuestra confusión, porque dijo que era verdad que el jardín no era tan bonito como cuando el abuelo y ella eran jóvenes. Decía que era sobre todo por la sequía, que hacía desaparecer todos los jardines, pero no era del todo verdad. Todavía había reservas de agua, aun cuando los jardines mostraban lo mucho que la sequía los había hecho menguar. Era más bien que el ayuntamiento planeaba construir una autopista y, poco a poco, iba comprando y destruyendo las casas, y roturando los jardines.

El abuelo y su vecino, el señor Vuksanivich, se negaron a vender y, durante un tiempo, el ayuntamiento detuvo sus planes con la autopista.

El abuelo mantuvo el jardín y el señor Vuksanivich conservó sus pastos verdes. Más adelante, el señor Vuksanivich murió y el ayuntamiento compró el terreno a su hijo, y también murió el abuelo y, con él, el jardín. Como mi madre era la mayor, mi padre suponía que la casa sería para ella al morir la abuela.

El sol era una mancha de sangre seca en el horizonte cuando la abuela movió los dedos para señalar el cerezo.

—Allí —dijo.

Había unas cuantas cerezas arrugadas en el suelo; una mantis desplegó sus alas azules y cruzó rozándolas.

—Allí —dijo otra vez—. ¡Allí!

Hace tiempo, bajo las ramas inclinadas, hubo una vez una niña, nuestra madre, con sus ojos oscuros como los de un poni, cubiertos por un pañuelo. Balanceaba un palo contra una piñata en forma de toro colgada de una cuerda. Por un golpe de suerte hizo estallar el cacharro de barro que anidaba en la barriga del toro y un montón de caramelos y dulces salieron en cascada de la herida. Todos chillaban de emoción. Los niños de aquella vecindad, llena una vez de niños, pasaban corriendo con los ojos húmedos, mientras metían dulces en los bolsillos con sus manos gordinflonas. Se reían con ese aire astuto y glotón que, según la abuela, sólo un niño puede tener.

—¡Qué curiositos se miraban! —decía.

La abuela Rosa murió poco más tarde, y después del entierro nos reunimos en su casa. El sol brillaba como la yema de un huevo en un plato de porcelana, y desde los árboles llegaba un olor a ciruelas podridas y uvas calcinadas.

Mi tía Letty lloraba tan fuerte que el tío Joe la regañó diciendo:

—Vamos, vamos, Leticia, ahora ya no puedes hacer nada por ella.

Con la garganta destrozada, Letty le dijo que se callara. Mamá no lloraba, aunque tenía las mejillas húmedas. Se sentó en el cuarto de estar junto al ventilador. No iba de luto, porque no tenía ningún vestido negro y mi padre sólo pudo gorrear siete dólares y veintiocho centavos. Mamá afirmaba que eso era lo mejor que podía esperarse teniendo en cuenta lo que había costado el funeral, pero no era ni la mitad de lo necesario para un vestido negro presentable. Así que utilizó el dinero para comprar pan dulce mexicano, hizo buñuelos, tortillas fritas que espolvoreó con canela, y batatas, que soltaban un almíbar oscuro.

Nardo, mi primo Río y yo mirábamos el viejo sillón de la abuela. Yo me acordaba de una vez que me dormí en el suelo y un ratón pasó por encima de mi barriga. Me desperté y vi a la abuela dormida debajo de la lámpara, con un halo de luz brillante rodeándole la cabeza. Entonces oí que algo se arrastraba y vi al ratón que cruzaba por el suelo de madera. De repente se oyó un ruido sordo y el ratón dejó escapar un minúsculo y penetrante chillido, como si lo hubieran atravesado con un punzón de hielo. Era *Horacio*, el gato de mi abuela, que había divisado al ratón desde su puesto en la chimenea y saltó sobre él sujetándolo entre sus garras. Cuando mis ojos se acostumbraron a la oscuridad, vi brillar la piel de *Horacio*, que esbozaba una especie de sonrisa al mirar al ratón. Entonces lo soltó y éste salió disparado en busca de un agujero; pero *Horacio* saltó otra vez, acosando a zarpazos al ratón por el suelo, como a un ovillo de lana. Observé fascinado cómo lo dejaba escapar dos o tres veces haciéndolo rodar con una precisión vivaz y juguetona, hasta que por fin lo levantó y lo estranguló en su garganta, mientras la cola se removía en su boca.

El sillón de la abuela tenía dibujos en las patas de madera y patas de oso esculpidas en los brazos. Ya desgastada la tapicería, cojo y con las patas de madera arañadas, nadie se sentaba en él excepto la abuela. Yo me preguntaba qué sucedería con él ahora que ella no estaba.

Me incliné hacia adelante en el sofá y le dije a Nardo a media voz que la noche anterior había soñado con la abuela. Ella y yo paseábamos juntos por las montañas, cuando de repente estalló un terremoto bajo nuestros pies; el fuego desgarraba la tierra como un cuchillo afilado las costuras del cuero viejo. Me desperté temblando y empapado en sudor frío. Las paredes de mi cuarto eran como hielo azul, como el cielo después de una lluvia limpia.

A Nardo le fascinaban los sueños y sabía analizarlos. La abuela aseguraba que eso era por la mancha de nacimiento que tenía en el hombro. Según Nardo, a veces los muertos, antes de subir al cielo, dejan mensajes en los oídos de quienes ellos aman. Él no sabía por qué la abuela querría dejarme un mensaje a mí, pero el sueño parecía una advertencia. Pronosticó que yo moriría solo, en un lugar muy frío.

Me levanté de un salto del sofá y le aporreé el brazo. Nos peleamos en el suelo, delante de mamá, demasiado ensimismada en su pena para prestarnos atención. Pero papá no estaba ensimismado en ninguna pena. Molesto por nuestra ruidosa caída, irrumpió en el cuarto de estar y nos golpeó en la cabeza con uno de sus zapatos. Señaló amenazadoramente a todos con el zapato y dijo que era mejor que aprendiéramos rápido a comportarnos.

Después de la reprimenda de papá, nos sentamos en silencio en el sofá frente a mi madre. Miraba al suelo como si buscara huellas de pisadas. Todos nosotros empezamos a aburrirnos. Mi primo Río fingía estar lloroso y Nardo estudiaba tranquilamente el polvo del cristal de la ventana, sonriendo porque el golpe que le había dado papá no le había dolido.

Sólo Pedi lo pasaba bien. Entró en la habitación extendiendo los brazos y haciendo con los labios el ruido de un avión. Dio vueltas a nuestro alrededor de costado, bajó en picado al pasar junto a Nardo y se enganchó una ala en el bolsillo de su pantalón. Voló un poco con el ala medio paralizada, antes de estrellarse. Cuando empezó a hacer muecas, nosotros nos reímos, pero paramos en seco en cuanto papá asomó la cabeza por la puerta de la cocina.

—Voy a quemarle las piernas a alguien —advirtió. Después de eso, todos nos callamos y miramos a las paredes. Yo comí una batata y observé los posos que quedaban en mi taza de café. Por fin, y sin hacer caso de los ojos de todos pegados a mis talones, abrí la puerta. Fuera, el aire arrastraba una brillante ceniza polvorienta que cubría el coche de papá y la furgoneta del tío Joe, aparcados uno tras otro en el camino de grava. De los capós salía vapor en pequeñas nubes fantasmales, y las ventanillas blanqueadas por el sol brillaban como escarcha mañanera. Me subí al capó de la furgoneta de mi tío, trepé al cerezo y gateé hasta una rama.

Por encima de las planchas de madera de la casa se veía una franja amarilla del viejo pasto del señor Vuksanivich. Los viñedos habían sido arados y la casa apuntalada y después transportada, pero yo casi podía ver allí al viejo señor Vuksanivich, con su jersey gris, rastrillando y quemando hojas, y una gran columna de humo levantándose hasta formar una nube.

Oí a papá hablar alto en la cocina. Las voces de todos resonaban un poco contra las paredes, pero la de mi padre las taladraba. Estaba diciendo a mi tío Joe que iba a ser imposible conservar aquel lugar, y que él tendría que venderlo. Casi podía oírse el chisporroteo de planes dentro de su cabeza, como arena caliente dando vueltas en una taza de hojalata.

Allí sentado, me imaginé las raíces del cerezo bajo la tierra y cómo habría que tirar de ellas con un potente tractor; también pensé en que al final la abuela ya no podía leer bajo la lámpara, sólo se sentaba en su sillón mirando al techo, consumiéndose; y una vez, al ponerme la mano en el hombro, sentí que el peso muerto de su fuerza la abandonaba.

En mi familia se nos ha enseñado a tocar la mano del que ha muerto. Así que al despertar, cuando mi madre llamó, fui hacia el ataúd y ante toda mi familia toqué la mano de mi abuela. Se me hizo un nudo en la garganta, que se cerraba como un puño mientras estudiaba su piel cubierta por un perfecto maquillaje.

«Se deshará en la tierra —pensé—, igual que cuando el sol llega al fondo de una charca durante la sequía. Su sombra se borrará y su alma será llevada al cielo como la pelusa del diente de león es llevada por el viento. Y después florecerá en otro jardín, de colores tan brillantes que harán daño a la vista.» Eso es lo que yo imaginaba para la abuela. Así era como yo quería que fuera.

6

EL RIFLE

Mi hermana Magda solamente vivía para sus discos. Se volvía loca con ellos y, a pesar de su apariencia tímida, cualquiera que los tocara corría peligro. Tenía un enorme montón en un rincón de su cuarto y, a veces, hasta tres copias de sus favoritos. Los colocaba en una estantería de metal, o los guardaba en una caja de madera que cerraba con una diminuta llave.

En la pared, sujetas con chinchetas, tenía las fotos de las dos estrellas de sus sueños, Elvis Presley y Smokey Robinson, y las rodeaba con un arco iris hecho con papel de colores. Elvis lucía una sonrisa de tipo duro y una llamarada de pelo negro echado hacia atrás. Smokey tenía ojos rasgados y románticos. Más de una vez la pillé soñando con la cabeza apoyada sobre ellos.

El dinero para sus discos venía de su duro trabajo en la lavandería Valley, un sitio al que odiaba más que a nada en el mundo. Su amiga Linda decía que tenía mal genio y discutía mucho con el encargado. Linda trabajaba junto a ella en la plancha de vapor. Estaba enamorada de Nardo, pero él no le hacía ningún caso, especialmente por las cartucheras de grasa que abultaban sus caderas como un cinturón repleto de gruesas Biblias; además, se vestía con esas faldas elásticas que se adaptan a la cintura y no llevan cinturón. Sólo que con Linda los cinturones eran lo de menos, con la piel asomando por todas partes y faltándole botones donde más falta hacían.

Linda siempre parecía preocupada por Magda, pero sólo una vez me confió que Magda tenía que aprender cómo funcionaban las cosas en la lavandería. Tenía que coquetear un poco con el encargado. Hacer ver que se interesaba por su grosera conversación. Darle un poco de coba acerca de sus músculos. A dos chicas coquetas que trabajaban allí ya las habían trasladado al Departamento de Carga, y al mes siguiente pasarían al de Proceso, pero Magda tenía una lengua demasiado suelta para su propio bien, y el encargado juraba que no la trasladaría ni en un millón de años.

—Manny —me dijo Magda—, ese encargado me ha dicho que yo no plancho las sábanas correctamente, que no salen de la máquina como es debido. Demasiado arrugadas. Y yo estoy allí sudando, tratando de hacerlo lo mejor que puedo. Pero ¿sabes?, no existe una forma correcta de planchar sábanas. Él sólo pretende humillarme.

Hablaba de prisa, mirándose en el espejo. Se pintaba las cejas con un lápiz mal afilado y, con un instrumento parecido a un potro de tortura, se estiró las pestañas. Trabajaba duro para estar guapa; se cardaba el pelo como una ola del mar, se ponía colorete rosa en las mejillas y a veces se untaba los labios de un rojo tan oscuro como el zumo de granada. Yo la encontraba bastante bonita con la cara sin pintar, pero nunca me escuchaba, aunque me sobornaba cuando quería algo. Como aquel día en que me prometió un pastel de cerezas y un refresco.

—Cuida de la niña un rato, ¿quieres, Manny? —me rogó, y luego cuchicheó de prisa—: pero no se lo digas a mamá.

—¿Adónde vas?

—Voy a salir.

—¿Salir adónde?

—Sólo salir. Eso es todo lo que necesitas saber.

Magda se mordió las uñas lacadas de rosa, que algunas veces se comía a tiras. Incluso pintadas, las puntas de sus dedos se veían rojas y como escaldadas.

Tenía un novio y, desde que mamá estaba ocupada recogiendo las cosas de la abuela, y papá estaba otra vez en lo de Rico, hacía que yo me quedara en casa a cuidar de Pedi, mientras ella se besuqueaba con su novio entre los arces. Si mamá llegara a enterarse caería muerta y papá entraría en ebullición más de prisa que el agua salada.

Magda se apretó el cinturón de la falda y se alisó el cuello de la camisa.

—Volveré a tiempo.

La vi cruzar el jardín que separaba nuestra casa del bosquecillo de arces. Movía las caderas con seguridad y sus hombros tenían un cierto descaro altanero. Cuando llegó al bosque, un tipo con camiseta y vaqueros salió de detrás de un árbol y se quedó mirándola. Tenía el pelo rubio, alisado hacia atrás con fijador, excepto una onda que se inclinaba hacia la cara como una bisagra rota. Era obvio que él mismo se la había colocado. La barbilla tenía el brillo de un afeitado reciente y los zapatos relucían como espejos. Los dos desaparecieron entre los árboles.

Cuando me di la vuelta, Pedi estaba sentada en el sofá, pringándose la cara con una chocolatina a medio comer. La verdad es que yo tenía que haberla vigilado un poco. Generalmente no se despega de las faldas de Magda, a no ser que le dé un dulce.

Si se la dejase sola, se caería del sofá o se echaría encima agua hirviendo. El día anterior la había pillado frotando un palo con las manos hasta que se arañó con una astilla. También sufre alergias, que mamá creía al principio que eran catarros y le ponía agua caliente debajo de la nariz para aliviar sus pulmones. Como eso no hacía efecto, un médico le clavó agujas diminutas en la espalda. Cada pinchazo se puso rojo e hinchado, lo que significaba que prácticamente todo lo que flota en el aire —polen, hierba, humo, incluso ciertas partículas de polvo— podría producirle lágrimas y ataques de asma.

Cogí una silla de la cocina y la apoyé en la puerta del armario de papá, para llegar al fondo del estante. Me raspé los nudillos con el punto de mira de su rifle. La policía se lo había devuelto después de gastar ciento cincuenta dólares en un abogado por un rifle que había costado cincuenta. Mamá comentó que era la cosa más estúpida que había visto nunca, pero no le dijo nada a él.

Tracé un cero con el dedo alrededor del agujero del cañón, sintiendo el frío mortal del acero e imaginando que una bala minúscula como una astilla subía por mi brazo y entraba zumbando en mi cerebro. Registré un poco más y encontré lo que estaba buscando, la caja del dominó.

—Vamos, Pedi —dije, limpiándole el chocolate de la cara—, vamos a construir una casa.

La mayoría de los niños actúan como si, al tocarlos, tus dedos fueran cristales, pero Pedi no. A ella le gusta que le limpien la cara o le aprieten los brazos. Si le frotara la cabeza, se dormiría en un minuto.

Puse en pie una por una las fichas, después coloqué las manos de Pedi en su regazo, anuncié «¡Ta-chan!» y empujé la primera ficha. Se derrumbaron con un chasquido de muerte, pero Pedi no se enteró. En el último momento miró a la puerta, ansiosa por el regreso de Magda.

—Vamos, Pedi —imploré, recogiendo las fichas en un montón—. Mira, vamos a hacer una casa.

Pedi se levantó y se subió al sofá. Estiró el cuello en la dirección por donde se había ido Magda, con la frente pegada al cristal de la ventana; su aliento dibujaba un pequeño globo en el cristal.

—¿Ha ido a la tienda?

—Sí, ha ido a la tienda.

—¿Por qué ha ido a la tienda?

—Quería traer refrescos.

Vi que sus playeras sucias manchaban el sofá.

—Pedi, ya sabes que no debes manchar el sofá. Mamá se enfada si lo manchas.

—Hay refrescos en la nevera.

—De ese que sabe a vainilla, no.

—Síií... de ése también.

—¿Dije vainilla? No, quería decir chocolate.

Pedi entornó los ojos como dudando.

—Es mentira, ¿eh?

—¿Qué dices? Yo no soy mentiroso.

—¡Sí, eres un mentiroso gordo!

—No, no lo soy —dije, aunque a juzgar por su cara, ella sabía que estaba mintiendo.

Pedi dio una palmada en la pernera del pantalón y se volvió a la ventana. Cuando era más pequeña, siempre estaba discutiendo a media lengua. Era difícil entenderla, pero se notaba bien cuando se enfadaba. Ponía morros y abría y cerraba los puños de rabia.

Generalmente me divertía provocar sus rabietas, pero sólo cuando mamá o Magda estaban cerca para acallar sus nervios. Además, en ese momento no me sentí bien al hacerla rabiar, porque en su cara veía su falta de confianza en mí.

—Vamos, Pedi, mira. Mira qué casa tan alta te estoy haciendo.

La verdad es que yo mismo estaba sorprendido, porque sin pensarlo había montado una casa de tres pisos con las fichas del dominó. Quedaba una por poner encima y estaba a punto de hacerlo, cuando Pedi bajó del sofá.

—Eh, ahora mira esto —la engatusé—. No es una casa cualquiera, es un palacio estupendo.

Evitando mis ojos, Pedi se arrodilló en el suelo y se fue acercando a rastras. Mientras lo hacía, puso su puño en el suelo y empujó hacia adelante. Antes de poder detenerla, dejó hecha escombros la casa de fichas.

—¿Por qué has hecho eso? —dije con voz llorosa. No dijo nada, sólo retrocedió un poco de rodillas. En vez de levantarse, de repente desparramó por el suelo todas las fichas de dominó.

—¡Porque eres un mentiroso!

No hubo mucho que hacer después de eso. Temiendo que se pusiera a chillar, recogí silenciosamente las fichas y volví a meterlas en la caja de cartón.

Apretó los ojos enfurruñada y se sentó otra vez en el sofá. Pensé que si Magda estuviese allí, probablemente se dedicaría a hacer muecas con ella durante horas. Le gustaba discutir y hablar con ella y se reía cuando Pedi se ponía en jarras enfadada.

Ni siquiera parpadeé al notar que me lanzaba miradas para poner a prueba mi paciencia, que tengo que admitir que estaba acabándose. Seguí recogiendo las fichas de dominó, como si en toda mi vida no hubiera hecho otra cosa. Terminé de guardarlas y me senté al otro lado del sofá.

Un rato después, ella se levantó y se puso a remeter torpemente la camiseta en los pantalones. Primero me miró con el ceño fruncido, luego miró los cordones sueltos de sus playeras y, después de echarme otra mirada, se agachó para atárselos. A continuación se fue a la cocina con la barbilla levantada.

Oí abrir la nevera y el crac del congelador. Después de algo que sonaba como si tuviera problemas para llegar al grifo, apareció en la puerta con un largo recipiente en la mano. Bebía a sorbos del borde y me miraba, haciendo con la cabeza breves movimientos de sí y de no.

Yo respondí con una mirada asesina y me di la vuelta en redondo, como si el verla hubiera ofendido mis ojos. Después de un rato, sentí un golpecito en la cabeza y, al volverme, Pedi apoyó la frente en mi hombro. No dijo nada al principio, sólo me rodeó el cuello con los brazos.

—No eres un mentiroso —dijo finalmente con voz de perdón.

—Vale —dije yo limpiándome la camisa. De su nariz goteaba un reguero de mocos.

Poco después, Pedi se quedó dormida con la cabeza en mi regazo, pero yo me libré de ella y volví al armario. Sentía curiosidad por el rifle de papá. Me preguntaba por qué él lo tenía en tanta estima para conservarlo y por qué había gastado hasta el último céntimo que teníamos en el banco, más lo que tuvo que pedir prestado, para recuperarlo. Lo sujeté entre las manos y empecé a manipular el cargador, como si todos los secretos estuviesen dentro.

Incluso entonces seguía atascado. Estaba hurgando en él cuando de repente se deslizó con suavidad, fácilmente, y vi el borde redondo de una bala levantarse y revolotear un momento en el aire, como para asomar y caer al suelo, pero en vez de eso se coló otra vez en la recámara. Levanté la cabeza sobresaltado, mirando directamente al cañón, al punto de mira y, por encima de él, vi a Pedi, que entraba por la puerta frotándose los ojos con los puños.

El sonido del disparo fue como si una enorme boca

se tragase el ruido y Pedi fuese devorada por esa boca. Dentro de mi cabeza, los pensamientos se amontonaban y desdibujaban como corrientes de agua rápida fluyendo juntas.

Mis pulmones trataban de estallar en gritos, pero no podían. Pedi estaba muerta, lo sabía. Por la forma de desplomarse sólo podía estar muerta. Tenía miedo de ir hacia ella, pensando que vería una herida ensangrentada por donde la bala había entrado y entonces yo perdería la razón.

Me sentía débil. Pensé que iba a desmayarme, pero entonces la oí llorar y, al inclinarme sobre ella, vi que su boca temblaba. Las lágrimas se le escurrían hasta las orejas, pero eso me hacía reír; mi corazón parecía estrujado por dos manos; alegría y dolor lo apretaban y aflojaban.

Ella aspiraba el aire a tragos, en el suelo, y yo le dije:

—¡Pedi, Pedi! ¡Cállate, cállate! —Me temblaban las manos de miedo, como marionetas movidas por los hilos y mi voz parecía filtrarse a través de una esponja húmeda.

No sé qué habría pasado si mamá hubiera visto lo ocurrido, pero no lo había visto; nadie lo había visto. En realidad, ni siquiera Pedi se dio cuenta. Ella apenas se enteró de nada.

Escondí el rifle en el fondo del armario, y después de sosegar mi espíritu y calmar el llanto de Pedi, la llevé al sofá del cuarto de estar, donde se durmió. Magda llegó a casa en ese momento. Encendí rápidamente el televisor y simulé estar viendo una vieja película de John Wayne.

Magda estaba bañada en sudor y respiraba aceleradamente al atravesar la puerta. Se quitó los pendientes y me miró. Llevaba el pelo aplastado por la parte de atrás y trataba de ahuecarlo con los dedos.

—¿Ha venido alguien?

—No.

—Y Pedi, ¿ha llorado?

—No.

El zumbido del televisor era como un consuelo. Magda se inclinó, giró en redondo y se golpeó ligeramente el pelo despeinado. Se acercó al televisor y lo apagó, en el preciso momento en que John Wayne moría en un *bulldozer*. El zumbido cesó, pero el sonido quedó en el aire antes de que al fin la corriente se apagase.

—¿Qué ha sido ese ruido de hace un rato? —preguntó.

—¿Por qué vas tan despeinada?

—Bueno, no es que sea asunto tuyo, pero hace mucho viento ahí fuera, ¿sabes?

—Ah, ¿sí?

—¡Sí! —Apretó los labios y me agarró de un mechón de pelos amenazadoramente—. Si estás pensando en contarle a mamá mentiras sobre mí, mejor te lo piensas otra vez. —Me tiró del pelo y lo retorció—. ¿Me oyes?

—¿Oír qué? —dijo mamá al entrar. Llevaba una bolsa de comida bajo el brazo—. ¿Qué es lo que tenía que oír Manny?

Magda me soltó el pelo rápidamente. Al ver cómo estaba vestida, y a mí con la cara colorada, mamá empezó a sospechar.

—No ha pasado nada, mamá. Sólo que Manny es

como la peste —dijo Magda, volviéndose contra mí. Quería que yo supiera que me iba a martirizar si se me ocurría perder los nervios.

Mamá dejó la bolsa de comida encima de la mesa.

—¿Qué está pasando aquí?

En ese momento, Pedi despertó con los ojos soñolientos y tratando de fijarlos. Sentí una fuerte opresión en el pecho. Al ver a mamá, gateó por el sofá y le echó los brazos alrededor de la cintura.

—Mamá... ¿sabes una cosa? Manny...

—Espera un momento, *mija* —dijo mamá. La alzó por las axilas y volvió a sentarla en el sofá. Como no estaba muy despierta, Pedi se durmió otra vez. Mamá miraba a su alrededor como si hubiese pequeñas llamas que empezaban a arder por el suelo.

—¿Qué demonios está pasando aquí, Magda? ¿Por qué vas vestida así? ¿Ha venido alguien?

—No ha venido nadie, mamá —contestó Magda con sequedad.

—Entonces, ¿por qué te has vestido así?

—Sólo estaba probándome ropa nueva para mañana, eso es todo. A veces vamos a trabajar de tiros largos.

—Nunca antes te has vestido así para ir a trabajar.

—Sí, he ido arreglada al trabajo.

—No, nunca.

Mamá parecía segura, pero también un poco decepcionada por haber pillado a Magda en una mentira. Nunca la regañaba, ya que también era adulta y la única en la familia que trabajaba regularmente.

—Ya he ido arreglada antes —dijo Magda mirándome.

Esperaba que yo asintiera, pero no lo hice. Ella apretó los labios y cambió de tema con una sonrisa inocente.

—¿Cómo está la casa de la abuela? ¿Piensa todavía papá en venderla?

Mamá estaba a punto de abrir la boca para contestar, pero antes movió los dedos lentamente, como si intentase apartar algo frágil que estaba en el aire.

—No cometas mi mismo error, Magdalena —dijo—. No arruines tu vida, *mija*.

—¡No voy a arruinar mi vida, mamá! No dejas de decirme que voy a arruinar mi vida.

Mamá movió la cabeza como si no estuviese escuchando. Había reunido sus propios recuerdos y quería usarlos para montar la escena.

—Tu padre y yo nos escapamos juntos cuando yo tenía dieciséis años. Tú ya estabas en mi vientre. —Por un momento pareció que iba a poner la mano en el hombro de Magda, pero se contuvo y se frotó los brazos—. No cometas el mismo error que yo, es todo lo que tengo que decirte.

Al principio, Magda no dijo nada. Si hubiera seguido callada, podría haberse calmado. Pero entonces el calor de la rabia empezó a asomar en su rostro. Podía entender que mamá estuviese enfadada con ella. Podía aceptar cualquier castigo, pero no podía aceptar el hecho de haber sido ya juzgada —especialmente por la voz que mamá usaba, una voz como una punzada acusadora— y de que no le quedara nada que hacer más que ser culpable.

Magda apretó los párpados, respirando con bastante dificultad.

—No me digas lo que tengo que hacer —dijo con voz tranquila, pero apretando los puños. Entonces abrió la boca—: ¡No debes decirme nunca lo que tengo que hacer!

—¡No te estoy diciendo lo que debes hacer! —respondió mamá, sorprendida por su repentino enfado.

—Sí, claro que lo estás haciendo —dijo Magda—. Si vuelves a hablar alguna vez de mis asuntos, me iré. ¿Lo oyes? Linda y yo nos buscaremos nuestra propia casa. ¿Qué vas a hacer entonces, eh, mamá? ¿Qué vas a hacer sin dinero?

Mamá tenía un aspecto horrible; parecía como si le hubiesen clavado un punzón de hielo en el pecho. Tartamudeaba con voz chirriante:

—*Mija*, yo sólo...

Esa voz provocó un hilillo acuoso en mi garganta, pero no había nada que yo pudiese hacer. Cuando mamá y Magda se pelean, es su guerra, y cualquiera que medie entre las dos se convierte en enemigo. El rostro de Magda era feroz y tenía una expresión dolorosa. Juntó las piernas y se limpió las comisuras de los labios. No iba a tomar más en cuenta cualquier bronca o consejo que pudiera venir de mamá.

Los ojos de mi madre empezaron a debilitarse y se puso a recoger despacio los comestibles de la mesa de cristal. Se fue a la cocina y colocó la bolsa sobre la encimera de linóleum. Se volcó y una lata de judías con tocino salió rodando, se paró en el borde metálico y retrocedió. Mamá la observó y luego fue a abrir la puerta del armario que hay junto a la despensa. Se encogió de hombros, agarró una escoba, y empezó a barrer raspando el suelo con las cerdas ásperas. Primero un rincón y luego otro, hasta amontonar la suciedad en el centro de la habitación.

Saqué una sábana de la cesta y durante el resto de la tarde me tumbé en el pasillo debajo del ventilador, aliviado porque mamá no había descubierto que había estado a punto de matar a Pedi. Masticaba cubitos de hielo y observaba que el sol iba borrando poco a poco las sombras de las paredes. El sol ya empezaba a apretar y era demasiado agobiante como para permitir que nadie hiciese otra cosa que arrastrarse. Con aquel calor, hasta los pájaros se retorcían y si uno se ponía al sol, hasta su propia sombra trataba de escapar.

Mi madre no paraba de ir y venir y de decirme que me quitase de su camino. Una vez para traer las sillas de la cocina mientras ella pasaba la mopa; otra para colgar una cuerda de un extremo a otro del pasillo. En el fregadero de la cocina, el agua borboteaba mientras escurría la ropa, la removía y después la sacudía para quitarle la humedad.

—Mamá, ¿cómo va a secarse eso con el ventilador funcionando? —pregunté, apoyándome en un codo.

—Se secará, no te preocupes. Con este calor, hasta el hielo se secaría. Además, tú no tienes que preocuparte, vamos a apagar el ventilador.

—¡Apagarlo!

—¡Sí, apagarlo! —dijo, apartándome con un pie—. ¿Crees que la electricidad es gratis?

Pero no apagó el ventilador. Su mano se detuvo sobre el interruptor y volvió a medias la cabeza hacia mí. Después siguió trajinando en la cocina.

No sé cuánto tiempo estuve allí tumbado, mirando el revolotear de la ropa bajo el aire del ventilador. Uno de los vestidos de Magda colgaba de la cuerda justo encima de mí, era uno estampado con flores, con los hombros afelpados y dibujos de gardenias cosidos en el borde del dobladillo. Vi la camisa blanca de Nardo, la que usaba cuando trabajaba de ayudante de camarero, con sombras de manchas aún. Cada vez que las mangas se le quedaban cortas, mamá arreglaba su ropa y me la pasaba a mí. Entonces empecé a pensar en muchas cosas. Pensé en esa chica de la escuela, María, que se sentaba detrás de mí en clase y yo sentía en el cuello su aliento que olía a caramelo. Pensé en lo suave que era su pelo, que se enroscaba alrededor de sus orejas y me producía una extraña y delirante emoción.

Todos mis pensamientos desfilaron ante mí, uno por uno; luego huyeron. Pensé en la primavera, después de las lluvias, en cómo trepaba al arce más alto de la pradera y miraba alrededor. Veía a la gente pasear por abajo, oía sus voces y, al inclinarme perezosamente en las ramas, el viento agitaba las hojas. Pensé en Nardo, que apenas estaba en casa, siempre de acá para allá, de juerga con sus amigos, quitándose la chaqueta mientras desgranaba una larga serie de excusas para los oídos incrédulos de mamá. Pensé en cómo mamá mantenía limpia la casa, trasladando la suciedad de un lugar a otro. Quizá ella pensara que de este modo podía conseguir que la casa brillase tanto que algún día desaparecería en un gran centelleo y ella quedaría libre. Pensé en papá, en cómo en sus días alegres se desabrochaba los puños de la camisa y se ponía a arreglar algo por la casa. ¿Cuándo iba a dejar de golpearse la cabeza contra la pared? ¿Cuándo iba a romperla, o a romperse él la cabeza? Pensé también en tiempos felices. Pensé en la abuela, en cómo descubrió las películas mexicanas cuando se puso gafas nuevas. Le gustaba ver a la cantante Flor Silvestre mecida por sus trajes de volantes, y contemplar los paisajes de México, con rojizas puestas de sol y un cordón de montañas azules en la distancia.

Estuve mucho tiempo tumbado, con la cabeza apoyada en el brazo. Los pensamientos venían a mí como un eco y el aire parecía vacío. En cierto modo empezaba a sentir que no me sostenía la fuerza de la gravedad y estaba cayendo en espiral por un túnel largo y negro. Al mirar arriba recordé la bala, que yo suponía incrustada en el aspa del ventilador. Recé para que nadie la viera nunca. El pensamiento de lo cerca que había estado de matar a Pedi dio a mis pulmones una singular esponjosidad, como si hubiera estado sollozando durante horas fuera de mi cuerpo.

7

EL COMBATE DE BOXEO

Al terminar el verano, fui otra vez a la misma escuela. Los planes de mamá para mi traslado no funcionaron. La administración dijo que era demasiado tarde. Había un número excesivo de niños en aquella escuela. Había un desequilibrio en el número de estudiantes —que no sé lo que significaba—. Decían muchas cosas, pero, en resumen, lo que querían decir es que no me trasladaban.

Así que estaba sentado con mi amigo Albert Sosa, comiendo en la mesa de picnic entre los arces, cuando de repente vino Lencho Domínguez y nos obstruyó la vista con su gran sombra fornida. Nos gustaba almorzar allí, porque todos los días, alrededor de las doce, una de las profesoras de inglés, la señorita Van der Meer, salía de su clase y nos colocaba al borde del desmayo con su forma espléndida de esponjarse el pelo y colocarse el cuello de su blusa arrugada. Las piernas asomaban por el borde de la falda como dos blancos bolos bien construidos y tenía los hombros tan rectos como un libro de geografía.

Disimulábamos para que pareciera que ésa no era la razón para almorzar allí, pero lo era. Cualquiera podía ver el frío que hacía. El viento cortaba como el cristal, endurecía los músculos y prácticamente rompía las costuras de la ropa. Cuando soplaba, nos apuñalaba los dientes como carámbanos y las voces temblaban al hablar. Pero aún se nos enternecían los ojos cada vez que la señorita Van der Meer aparecía por la puerta.

De todos modos, Lencho se nos acercó y nos miró como si fuéramos un caso perdido. Llevaba pantalones de campana, tiesos como tablas de planchar, y una camisa escocesa con los faldones por fuera. Por ninguna parte se veía la sombra de una sonrisa. Se aclaró la garganta con un exagerado carraspeo.

—Vosotros, *vatos*, sois unos verdaderos chalados, ¿lo sabíais? —preguntó con su voz gutural.

Se decía que Lencho se estropeaba la voz fumando cartones de tabaco y bebiendo bourbon directamente de un termo que guardaba en su casillero. Se inclinó y manoseó una docena de las patatas fritas de Albert.

—Esa zorra blanca enseña a una clase de *gabachos* y vosotros rondáis por aquí esperando a verle el culo.

—¿Qué quieres decir? —dijo Albert, enfadado porque Lencho le quitaba las patatas.

Pero sabía que era mejor no quejarse. Nadie se quejaba de Lencho. Una vez lo vi agarrar a Mark Calavasos por las tetas y apretar hasta que rechinó los dientes y rogó a Lencho que, por favor, por favor, lo soltase.

—¿Habéis estado alguna vez en esa habitación?

—dijo Lencho entre dientes, y se echó en la boca otro puñado de patatas fritas.

—No —dije como si no me interesara. En realidad, me había preguntado unas mil veces lo que habría detrás de esa puerta.

Quitándose delicadamente la sal de los dedos, Lencho hizo una cosa curiosa. Se los humedeció con la lengua y, agarrando la raya del pantalón, los fue bajando hasta la rodilla. Lo mismo hizo con la otra pernera. Nosotros lo observábamos fascinados y boquiabiertos.

—Está bien, *vatos*, os lo voy a decir —dijo al terminar de acicalarse con un golpe en el bolsillo—. Hay sofás y camas ahí dentro. ¿Habéis visto alguna vez sofás y camas en una clase, chicos? —Se echó a reír, con una risa medio ahogada, medio burlona. Nosotros lo miramos estúpidamente y él se echó a reír otra vez, sólo que más alto—. *Vatos*, estáis chiflados, ¿lo sabéis? Sois una pareja de auténticos mariquitas.

No lo dijo como un insulto, sino como la exposición de un hecho. Si nos hubiera preguntado, habríamos estado de acuerdo con él de inmediato. Comparado con Lencho, todo el mundo era un marica. Tenía los hombros como sacos de patatas bien apretados y hasta el peso de su aliento podía hacerte sentir insignificante. Se llevó los nudillos a la boca, aclaró un gran tapón de flemas y lo escupió.

—Quiero hablarte de algo, Manny —dijo con seriedad—. ¿Tú crees que Bernardo querría unirse a mi equipo de boxeo?

—No sé —dije.

—Es un *vato* muy fuerte, ¿no?

—Creo que sí.

—¿Qué quieres decir con «creo»? ¿No sabes nada de tu propio hermano?

—¡Él no me lo cuenta todo! —protesté, tratando de endurecer la voz. Pero debió de sonar llorosa, porque Albert bajó los ojos.

Lo de Nardo era verdad. Casi siempre me contaba lo que había hecho y lo que le parecía, pero nunca me decía lo que planeaba o quería hacer. Si estaba pensando en algo, me haría una pregunta como: «Eh, Manny, ¿tú crees que debería unirme al equipo de boxeo de Lencho?». Últimamente no me había preguntado nada de eso, así que no lo sabía.

—Bueno, de todos modos, pregunta a tu hermano si quiere unirse —dijo Lencho. Golpeó el banco con sus zapatos y se fue mirando su bonito brillo.

Entonces la señorita Van der Meer salió de su clase. Llevaba un montón de libros bajo el brazo y sujetaba un manojo de llaves contra la cadera. Como de costumbre, había unos cuantos chicos blancos correteando como perrillos detrás. Sacó una llave y cerró la puerta. Lencho fue hacia ella andando de puntillas —con dignidad—, para evitar que la hierba se colase en sus zapatos, y con ganas de llegar a la acera.

—¡Eh, Lencho! —le grité—. Albert dice que sí, que quiere unirse. Dice que podría atizarle a cualquiera en la escuela. Que se medirá incluso con Boise.

Me levanté y le di a Albert un masaje de campeón en los hombros.

Molesto, pero sin querer armar un gran alboroto, Lencho se volvió hacia mí y me hizo a escondidas una señal de «vete a la mierda» con el dedo; después, con expresión indiferente, pasó silbando al lado de la señorita Van der Meer, casi rozando su hombro.

Todos los chicos blancos miraron fríamente a Lencho al pasar, como si hubiese ofendido a la reina de Inglaterra, aunque no se decidieron a decir nada. Además, la señorita Van der Meer hizo como que no se enteraba. Era de una clase demasiado delicada para notarlo.

Entonces yo grité:

—¡Hola, señorita Van der Meer!

Fue uno de esos holas falsos que acaban sonando a besito. Ella se volvió y empezó a saludar automáticamente con la mano, pero entonces se dio cuenta de que no sabía quién era yo. De todos modos, movió la mano con educación y sus chicos corrieron detrás de ella.

—¡Idiota! ¿Para qué demonios haces eso? —gimió Albert después de que la señorita Van der Meer y su manada de cachorros doblasen la esquina.

Estaba echando chispas. Se tiraba de los pelos furioso. Se levantó, agarró los libros como si fuera a tirarlos, luego cambió de idea y volvió a dejarlos caer en la mesa.

—Tío —dijo abatido—, ahora ella va a pensar que somos un par de idiotas.

—Y somos un par de idiotas —dije desafiante, pero ya veía el arrepentimiento en la cara de Albert.

Él estaba convencido de que nunca tendríamos otra oportunidad para contemplar furtivamente a la señorita Van der Meer. Pero para mí, Lencho tenía razón. Era una estupidez sentarse allí fuera envueltos en un montón de jerseys, esperando a que una profesora hiciese una gran aparición. Ella nos prestaba menos atención que a una bola de chicle pisado en la acera. Era lo más que podía decir por el modo de saludarme con la mano.

Quise explicarle eso a Albert, pero parecía que le hubieran atravesado el hombro con una flecha.

—¡Tío, Lencho la va a tomar contigo! —dijo por fin casi animado, como si no fuese a sentir demasiado que Lencho me rompiera los dientes.

—No va a hacer nada —dije.

—Ah, ¿no? —insistió ansioso por demostrar que me equivocaba.

—No, no le gustaría tener que enfrentarse a Nardo.

—Ah, ya.

Otra vez se quedó cabizbajo. Él no tenía un hermano, sólo una hermana, y ella tan pronto le daba un bofetón como le sonreía. Cuando uno es como Albert y no tiene protección, cualquier día de la semana, en cualquier esquina, un tipo como Lencho puede darte una patada en las costillas y a nadie le importará un comino.

Considerándolo todo, pensé que era sorprendente que Lencho intentase que los chicos chicanos se uniesen a su equipo de boxeo. No porque los chicanos no supieran pelear ni cosas por el estilo. Había por ahí muchos *vatos* con malas pulgas, pero sólo hacían el vago, fumaban y faltaban a clase, y se portaban como si la escuela fuese una especie de zona nuclear contaminada. Nunca se unirían a un equipo que no fuese una banda.

Pero Lencho reclutó a dos novatos. Uno de ellos era un tipo llamado Chico. Agradable pero, como comentó una vez mi hermano Nardo, lo único brillante de él eran sus dientes. Era capaz de dibujar a una chica desnuda y atender a los números de un bingo, pero poner los dedos en un problema de álgebra probablemente lo habría convertido en cenizas. Una vez hizo una prueba para el equipo de baloncesto, pero era demasiado bajo y además no sabía driblar. Al ser tachado de la lista, le echó la culpa al entrenador Rogers, que también lo era de boxeo. Llevaba gafas de concha y hablaba como un oficial de la marina. Tenía la cabeza como una bola de billar y una alfombra de pelo negro azulado sobre sus musculosos brazos. No sé de dónde sacó la historia Chico, pero decía que una vez el entrenador pilló a un mexicano retozando con su hija y que desde entonces no le gustaban los mexicanos.

El otro pez que había pescado Lencho —y nadie podía creerlo al principio, especialmente yo— fue el *flaco*, mi amigo Albert Sosa. Pensé que había que sentirlo por Lencho, teniendo en cuenta que Albert no es capaz de sacar el aire de una pompa de jabón de un puñetazo. Por supuesto, también era una estupidez por parte de Albert, ya que los profesores lo elogiaban al devolverle sus exámenes.

Pero Albert quería demostrar que también valía para eso. Quizá quería impresionar a su padre, que estaba todo el día viendo la televisión y riéndose de los actores blancos, o puede que quisiera impresionar a la señorita Van der Meer, que le producía escalofríos. Intenté prevenirlo. Intenté explicarle cómo las costillas se rompen tan fácilmente como ramitas secas, y cómo en ocasiones un puñetazo conduce a una parálisis. Pero no quería escuchar porque prácticamente había mendigado para fichar. Se veía que Lencho estaba decepcionado por haber hecho una pesca tan birriosa; él quería tíos como Nardo y Sammy Fuentes, peligrosamente conocidos por todos.

Pero creo que para Lencho era suficiente saber que Chico y Albert irían en cualquier dirección que él trazase. Estaban pendientes de cada una de sus palabras y seguro que él podría insuflar confianza a los chicos. Pertenecía a un grupo llamado Los Berets, chicos mayores casi todos, ya fuera de la edad escolar. En realidad, Lencho era sólo un junior, todavía estaba en la escuela y eso. Pero para él, era mejor ser un Beret Junior que ser un Don Nadie.

Los Berets pensaban que los blancos eran nuestro peor enemigo y que tenían el propósito de oprimir a los morenos. Por otra parte, nosotros éramos descendientes de indios dotados de un color que era tan necesario como el abono a la tierra, tan importante como el sol para los árboles. Teníamos tesoros enterrados en lo más hondo de nuestra sangre, tesoros escondidos cuya existencia apenas conocíamos.

Ésas eran las cosas que le oía a Lencho, que pensaba que si yo me hacía mánager y entrenador de su equipo, quizá entonces Nardo cambiaría de opinión y se pondría los guantes.

Durante tres semanas frecuenté a los boxeadores. Los entrenamientos se hacían después de las clases, en la sala de pesas, donde los chicos fardaban girando el cuello, saltando a la comba y corriendo hasta quedar empapados como peces. Pero después se quejaban haciendo flexiones con las caras hinchadas. (Lencho no les permitía levantar pesas, porque decía que eso hinchaba los músculos y ellos necesitaban ser rápidos y ligeros en los cambios.)

Como material disponíamos de un viejo saco de arena con pinta de vagabundo y una de esas pelotas de goma colgadas de una red. El primer día, Albert le dio a la pelota con la izquierda y después pasó —o trató de pasar— a la derecha. La pelota rebotó y la cuerda le hizo un corte en el puño, dejándole los nudillos en carne viva y un colgajo de piel del tamaño de un sello.

Lencho, que estaba desenrollando una cuerda para saltar, le dijo que se saltase ese día el entrenamiento, pero que se quedase para la charla. No quería decir eso, claro. Lo que de verdad quería decir era que Albert debía demostrar su compromiso endureciéndose. No decía eso exactamente; Lencho nunca decía nada exactamente. Empezó a saltar a la comba tranquilamente y a hablar de cómo los auténticos luchadores nunca permitirían que asuntos de poca monta, como cortes, les hicieran parecer cobardes. Después de una larga mirada a la tirita que él le había puesto, Albert se envolvió la mano en una camiseta y empezó a moverse dando puñetazos al aire.

Uno de los luchadores del equipo del entrenador Rogers era un chico negro llamado Boise Johnson. Durante el entrenamiento, Lencho se ocupaba con particular atención de poner su nombre en entredicho. Ponía una voz áspera para decir que lo íbamos a desplumar como a un pollo, a aplastarlo como a una nuez. Se suponía que esos ataques eran para infundir confianza a los muchachos, pero tanto Chico como Albert rezaban para que sus flacuchos huesos no tuvieran que enfrentarse a Boise.

También existía una cierta enemistad entre Lencho y el entrenador Rogers. Éste no estaba conforme con que Lencho entrenara por su cuenta a algunos luchadores. Había sido campeón de boxeo de los Golden Gloves y consideraba este hecho un listón muy alto. Yo creo que todos los alumnos de la escuela sabían que el entrenador había sido campeón de boxeo de los Golden Gloves. Incluso estando en primaria creo que yo ya lo sabía, y hasta mi padre lo sabía, y eso que a él le trae sin cuidado todo lo que suceda en mi escuela.

El entrenador Rogers seleccionaba a sus luchadores entre los más aventajados en educación física, haciéndoles exámenes que incluían trepar por la cuerda de nudos, saltar en cuclillas y correr *sprints* hasta que los pulmones se colapsaran; pero estaba pendiente, sobre todo, de quién levantaba más peso o de quién repetía siempre con los pesos más ligeros. Esta tortura de selección se alargaba durante unas dos semanas, después de las cuales, a los chicos que obtenían sobresaliente les daban pantalones de deporte dorados y los invitaban a unirse más tarde a los equipos de fútbol, baloncesto y boxeo. Los chicos que sacaban una nota media podían comprar pantalones de deporte color púrpura con ribetes plateados, dando así a conocer su categoría. Los que sólo sacábamos un suficiente, como yo, teníamos que llevar los pantalones de gimnasia grises como bandera de deshonor.

Pero lo que más nos enfurecía eran las arengas de

Lencho. Hablaba como un iluminado diciendo cosas que había aprendido con Los Berets, acerca de lo especiales que eran los mexicanos y chicanos, la fuerza que dormía en nuestros puños y que podíamos despertar con un simple gesto de nuestra heroica voluntad. Nos animaba a ser orgullosos diciendo lo maravilloso que sería todo después de que pulverizáramos a los otros chicos. Lencho sabía cómo hinchar los músculos del pecho.

Después de dos semanas de observar los puñetazos contra el saco y a los chicos saltando a la comba —¡Albert ya le daba a la pelota cuatro golpes seguidos!— empecé a sentirme demasiado optimista con nuestras posibilidades. Por supuesto, al principio estaba receloso, porque los otros eran mayores y sabían cruzar los brazos cuando saltaban a la comba, pero no eran mejores que nosotros, claro que no.

Un día, mientras íbamos hacia el pabellón B, oí que me llamaban:

—¡Manuel, Manuel!

Era la señorita Van der Meer, que pasaba con un montón de libros apretados contra el pecho. Andaba con esos pasitos de paloma que solían hacernos poner los ojos en blanco a Albert y a mí.

—¿Crees que Leonard ganará la competición? —me preguntó al pararse delante de mí. Empezó a cambiar afanosamente el orden de sus libros.

—Sí, creo que sí —dije—. Él está muy seguro.

—Sí, ya lo he notado. Es un verdadero Hotspur.

—¿Un qué? —pregunté.

—Hotspur, como en Shakespeare, ya sabes.

Debí de parecer perplejo, porque ella frunció el ceño decepcionada.

—Bueno, no importa —dijo con sentido práctico.

Tenía la cara sembrada de pecas y se echaba atrás suavemente el flequillo con los dedos. Estaba guapa con aquellos remolinos rojizos de luz flotando en su pelo. Yo iba a estrecharle la mano que tenía libre, pero ella empezó a juguetear con los forros de los libros.

—De cualquier modo, dile a Leonard de mi parte que le deseo toda la suerte del mundo, lo harás, ¿verdad que sí, Manuel?

Puso la mano plana como una paleta de ping-pong y me dio unas palmaditas en el hombro. El corazón se me subió a la garganta y mi voz sonó espesa como harina de avena cuando dije:

—Sí, seguro, señorita Van der Meer.

Por supuesto, no le dije nada a Lencho. Posiblemente él hubiera escupido a mis pies diciendo «¡Valiente zorra!». Y hubiera dicho también algo más desagradable, como por qué un perro como yo todavía andaba olfateándole la cola a ella. Hablaba así a veces, cuando no estaba cantando las glorias de la raza mexicana.

Hasta que la señorita Van der Meer no se hubo ido, no me pregunté por qué sabía mi nombre. Supuse que tendría que haber preguntado a alguien o haberlo buscado en los ficheros de la administración. De cualquier manera, su mirada daba a entender que sabía algo sobre mí. Pero yo también había descubierto algunas cosas sobre ella. Primero, que no era una profesora fija, sino una especie de profesora extra para los alumnos blancos que eran trasladados desde la escuela alemana. También descubrí algo sobre las camas y sofás de su clase, porque pregunté al portero, un salvadoreño que había trabajado una vez con mi padre en los campos de cebollas. Se rascó la nuca y dijo:

—Oh, sí, allí tienen sofás, lámparas y todo. —Él pensaba que era una sala de profesores.

No sé lo que tenía que ver todo esto con el combate. Por lo general, no me gustaba andar dándole vueltas en la cabeza a nada que tuviese que ver con profesores, pero la señorita Van der Meer era especial. De hecho, tenía la esperanza de que, con algo de suerte, me trasladaran de la clase del señor Shatler, donde nos pasábamos el día jugando al bingo o leyendo revistas, a la suya, donde los chicos leían novelas policíacas y de ese tal Shakespeare. Los tíos con los que yo andaba, a excepción de Albert, pensaban que sólo con pasar las páginas de un libro, la tinta se les pegaría en las manos y quedarían marcados como mariquitas de por vida. Me los imaginaba en una clase como la de la señorita Van der Meer, cómodamente tumbados en los sofás y lanzando escupitajos a sus pies.

El torneo de boxeo se anunció en todas las clases de la escuela y en prospectos amontonados en los pasillos. No se hablaba de otra cosa más que de la emoción que esperaban sentir cuando a alguien lo dejasen fuera de combate.

Al ser un entrenador oficial, me hice muy popular entre un par de chicas, Raquel y Mary, que estaban todo el día pendientes del campo de béisbol. Su actitud hacia mí había cambiado por completo. Ahora hasta me decían hola, y antes me habría muerto sólo con que una de ellas me hubiera mirado.

El día del torneo, la cancha de baloncesto estaba llena hasta los topes. Olas de nerviosa expectación inundaban las gradas como la espuma del mar, y apenas había espacio para estar junto a las puertas, donde nadie se atrevía a respirar.

El ring consistía en cuatro soportes de latón, tomados del auditorio de la escuela y unidos por una larga cinta de terciopelo, pero eso sólo estaba de adorno. Un luchador tendría que estar loco para apoyarse contra esas cuerdas. El verdadero ring era un cuadrado de gruesa cinta adhesiva en el centro de una enorme colchoneta.

Lencho invitó a sus colegas de Los Berets a que presenciaran el espectáculo. Se colocaron de pie junto a las puertas de salida, intimidando a todo el que entraba en sus dominios con sus camisas caqui, sus boinas color marrón y sus relucientes botas militares. Me sorprendió ver allí a la señorita Van der Meer, que trataba de no parecer nerviosa. También estaba el viejo señor Hart, mi profesor de historia, yendo y viniendo por el banquillo y fingiendo que se sonaba las narices con un pañuelo arrugado. Era el encargado de cronometrar y tocar la campana y estaba en período de precalentamiento.

Yo esperé al lado del ring. Vi a Nardo levantar un puño al verme cuando entraba con sus amigos Félix Contreras y Johnny Martínez hasta la mitad del graderío. Me dijo algo a voces, pero no lo entendí. El ruido en el gimnasio sonaba deformado, como una pizarra doblada a punto de astillarse y partirse. La sangre me silbaba en las sienes y los lóbulos de las orejas me latían como pequeños motores. «Éste es el momento más grande de mi vida», pensé.

Yo era quien tenía que organizar el rincón del ring, así que eché un ansioso vistazo a todo. Lencho no quería que se le molestase con detalles. Tenía toallas, botellas de agua, una compresa de hielo ya medio derretida en un cubo de plástico y tres protectores bucales envueltos en un pañuelo blanco limpio. Tenía esparadrapo y vaselina y esas vendas elásticas que se usan para los tobillos torcidos, aunque era un misterio para qué podría usarlas yo. Los Berets habían pagado el material, así que yo había pescado todo lo que había encontrado en el estante.

El primer combate fue el de Albert. Tenía que medirse con el hermano de Boise, Rochel Johnson, y a la vista de los brazos de Roach, estaba claro que alguien no había tenido en cuenta las categorías de pesos. Albert, aun respirando hondo, llegaría escasamente a los cincuenta kilos. Rochel parecía tener, no un poco, sino mucho más peso.

Lencho parecía preocupado. Yo lo vi y, por desgracia, Albert lo vio también, porque miraba a Rochel como si fuera Godzilla a punto de pisotear Tokio.

La pelea resultó desproporcionada desde el principio y duró unos dos minutos, aunque para mí fueron ciento veinte segundos penosos y lentos. Albert retrocedió más y más, hasta que la gente empezó a silbar. El silbido pronto se convirtió en abucheo y el abucheo en disgusto burlón. Pero ya iba bien, porque las burlas redujeron lo bastante el ruido para que Albert oyese a Lencho gritarle:

—¡Lanza una serie! ¡Lanza una serie!

Golpeaba el aire con los puños para demostrarlo, pero Albert sólo lo miraba como si le hubiesen dado en la cara con una toalla mojada.

—Ataca, vamos, maldita sea. ¡Ataca! —apremiaba Lencho.

Desgraciadamente, Albert atacó. Rochel lo vio entrar desde lejos y, con los guantes levantados y la cabeza inclinada a un lado, se apartó rápidamente. Albert pasó a su lado dando tumbos, tropezó y se dio de bruces contra una de las tribunas. Todos gritaron «¡¡Ooh!!» y «¡Aah!» e hicieron pedazos los cuellos de sus camisas, como si ellos mismos se hubieran aplastado las narices. El entrenador Mazzini dio por terminada la pelea compasivamente.

En la cara de Albert se leía el espantoso fracaso; en la de Lencho el tormento de la decepción. La hemorragia nasal hizo florecer un rosetón de sangre en la toalla y Albert empezó a llorar como un cachorrillo. Lencho suspiró y me dijo que me llevara la toalla y a Albert a los vestuarios.

Sin duda fue un error. Lo supe en cuanto entré, porque allí estaba Chico preparándose para pelear —tarde, como de costumbre—. Antes de que yo pudiera decirle que era una simple hemorragia nasal, Chico vio la toalla empapada de sangre y la impresión le paralizó el rostro.

—No es nada, está bien, sólo sangra por la nariz —dije yo para tranquilizarlo, y dejé a Albert junto a su armario.

—¡Sólo sangra por la nariz! —dijo Chico tirándose de los pelos. El pánico lo dominaba, estaba rígido. Si alguien lo hubiera empujado en ese momento, habría aterrizado de plano y se hubiera dado en la cabeza.

Intenté agarrarlo del brazo y llevarlo hasta el ring, pero él me apartó y fue como un zombi por el pasillo de los vestuarios. Yo tenía miedo de que se largara de pronto por las puertas de salida. Corrí por el pasillo para agarrarlo del hombro.

—Eh, no estarás asustado, ¿verdad? —le dije en tono animoso.

Chico me miró un rato sin expresión, y después una pequeña chispa se encendió en sus ojos y pareció turbado.

—¡Demonios, no! Sólo iba... sólo iba a por mi toalla.

—No, no —insistí—, yo tengo toallas, ¡tengo muchas toallas! ¡Vengo preparado, hombre! —dije con exagerada dignidad. Eso pareció animar un poco a Chico, que se dejó llevar hasta el gimnasio.

En cuanto Chico y yo entramos, empezó la estampida en el graderío. Los mexicanos, chicos y chicas, comenzaron a patear en las tablas del suelo y a silbar como locos. Era un gran consuelo, teniendo en cuenta que la escuela era en su mayor parte de negros, con unos cuantos blancos que venían en autobús desde el otro extremo de la ciudad.

Cuando Chico y yo llegamos al rincón, Lencho estaba aplaudiendo, como si se hubiera sentido aliviado al vernos. Casi me arranca los nudillos cuando me asió de la mano.

Eché una ojeada y vi a Nardo levantar el brazo en el aire, y oí a Raquel y a Mary gritar los nombres de Chico y el mío. El tono chillón de sus voces cortaba el aire como una guillotina, que me abrió una pequeña brecha en el corazón derramando algo dulce y doloroso muy dentro de mí.

Lencho hizo sentar a Chico en el taburete a toda prisa.

—¿Oyes eso? —dijo para alimentar su coraje—. ¡Es por ti! Demuestra a ese tipo quién es el verdadero hombre. Ahora no dejes mal a tu raza.

Dejé de escuchar y busqué con la mirada a Raquel y a Mary. Las vi con el pelo cardado y tieso, relamiéndose los labios y haciendo globos con el chicle. También vi otra vez a Nardo, de pie en las gradas. Movía los hombros como si fuese él quien se preparaba para el combate. Yo me sentía orgulloso y nervioso al mismo tiempo; me eché la toalla al hombro, pero aterrizó en el suelo.

Lencho había hecho el milagro de revivir a Chico. Al sonar la campana, éste salió disparado, como un hombre que busca desesperadamente el dinero que ha dejado caer. Empezó a golpear a su rival, apuntando a su estómago, pero los golpes casi siempre alcanzaban sólo brazos y hombros.

El tipo al que pegaba Chico era Malcolm Augustus, que estaba ahora en mi clase de biología. Era el único en toda la clase que sabía la respuesta a la pregunta del profesor sobre cuánta sangre pierde una mujer cuando está con el período. Los chicos decían cuatro litros y las chicas hacían como que lo supieran ya, pero en realidad no lo sabía nadie, excepto Malcolm, que dijo que eran más o menos seis cucharadas. ¡Te lo imaginas, seis cucharadas!

Sorprendido al principio por la agresividad de Chico, Malcolm se calmó pronto y lo atacó con algunos golpes secos en la cabeza. Cuando Chico la bajó para esquivar un golpe hacia atrás, Malcolm le soltó un gancho bajo la barbilla. Chico retrocedió con un traspié y pareció que hubiese metido un tenedor en un enchufe. Yo pensé: «¡Oh, no, estamos perdidos!», pero Chico se animó otra vez y, en una ráfaga de golpes, llevó a Malcolm fuera de la cinta del ring.

—¡¿Has visto eso, has visto ese gancho?! —me gritaba Lencho cuando Chico volvió al rincón dando tumbos—: Ése fue el movimiento más estúpido que podía haber hecho el *vato*. Cuando haga eso, ignóralo y pasa por encima con un gancho de izquierda. ¡Lo dejarás fuera de combate!

Lencho me quitó una de las botellas y roció con agua la cara de Chico. Me dio con la botella en la frente al devolvérmela a tientas. Se volvió otra vez a Chico y dijo:

—Ahora quiero que aporrees a ese bastardo hasta que se retuerza de dolor. Y no olvides, ¡no olvides el gancho de izquierda!

Chico olvidó el gancho de izquierda. No podría haber recordado su nombre si le hubieran preguntado. A medio asalto, sus piernas ya se bamboleaban por el ring. Lanzó algunos golpes y aleteó como un pollo, pero al final del segundo asalto parecía tan hecho polvo que, si le hubieran puesto un bebé en los brazos para que se durmiera, se le habría caído al suelo.

En el tercer asalto, Chico trató de esquivar un golpe y entrar, pero en vez de eso corrió de lleno hacia el codo de Malcolm y quedó fuera de combate. Tuvieron que sacarlo tumbado en una manta. La gente miraba con los ojos muy abiertos cuando lo llevaban a las puertas de salida. Tenía los ojos hundidos y babeaba sobre las manos de uno de los que sujetaban la manta. Un gracioso gritó: «¡Emergencia, emergencia!». El grito provocó la risa de todos, excepto del entrenador Rogers, que se abrió camino en las gradas y echó del campo al que había gritado.

La conversación se volvió en seguida hacia Boise y Lencho. La emoción que flotaba en el ambiente se podía cortar con un cuchillo.

Aunque lo primero que ocurrió fue que el jefe de Los Berets, un tipo llamado Miguel, que llevaba un uniforme almidonado de cadete, se hizo cargo de mi trabajo en el rincón en el momento en que yo estaba poniéndole los guantes a Lencho.

—Ve a sentarte —me dijo, y sin mucho más que un «perdona» me quitó la toalla del hombro y la colgó en el suyo.

Traté de decirle algo al oído a Lencho, sobre ganchos y estrategia, pero Miguel me empujó. De todas maneras, Lencho estaba demasiado nervioso para escuchar. Y no era de extrañar. Miguel empezó en seguida a darle un masaje en las costillas y a recordarle cuánta gente había en el público. La cara de Lencho se puso tirante como una cuerda.

En la otra esquina, el entrenador Rogers y Boise parecían estar en su ambiente. La cara de Boise aparecía suavizada por sus ejercicios, oscura y brillante como un vaso de coca-cola helada. No llevaba camiseta y un fino collar de pequeñas gotas de sudor se extendía por su musculoso vientre.

«Sólo otra pelea para el viejo Boise», pensé.

Frío, eso es lo que aparentaba, muy frío, sin ninguna expresión en el rostro y nadie en su rincón metiéndole miedo.

Lencho y Boise eran aproximadamente de la misma estatura y los dos chicos más musculosos de la escuela; era natural que la gente estuviese excitada al enfrentarse uno contra otro. Al ver a Lencho, orgulloso y listo para la acción, uno no podía hacer más que apoyarlo. Y después estaba Boise. No era tan presumido como Lencho, pero era lo que todos los chicos en el gimnasio llamaban un «estirado». Tenía incluso aspecto de boxeador, con la nariz cuadrada e hinchada, como si acabara de despertarse de un sueño en el que golpeaba a la gente.

El árbitro era el entrenador Mazzini. Tenía esa gran barriga que siempre estaba en el medio, pero por otra parte sabía bien qué hacer, que era casi siempre evitar que los boxeadores se largaran del ring. Cuando el señor Hart hizo sonar la campana anunciando el comienzo del asalto, todos atornillaron sus traseros en los asientos.

Después de mirarse uno a otro con bastante dureza, Lencho empezó en seguida a lanzar ganchos de izquierda y largos cruzados de derecha; Boise los esquivaba y lanzaba directos al cuerpo. Era un combate feo, turbio, que aun reduciendo la marcha a la mitad, segui-

115

ría siendo turbio. Hasta el entrenador Mazzini, con barriga gorda y todo, saltó fuera del ring y no regresó hasta que el señor Hart le dio a la campana para terminar el primer asalto.

Todo el gimnasio estalló en gritos y pataleos que casi hicieron hundirse las gradas. Lencho volvió al rincón respirando fuerte, enorme y orgulloso en su camiseta sudada y con una gran sonrisa en la cara.

En las gradas se armó un circo. Los chicos estaban bailando y las chicas caían unas sobre otras, toqueteando a los chicos, que pretendían abrazarlas cuando se caían en su regazo. Pero entonces una pequeñez, una discusión, encendió la chispa entre algún negro y los chicos morenos. Algunos llegaron a empujarse unos a otros sin atender a razones. Pero al sonar la campana para el segundo asalto, todos se sentaron.

Boise todavía estaba muy tranquilo; un trozo de vaselina le colgaba de la barbilla. Al principio había bajado y echado a un lado el hombro cuando Lencho atacaba. Después empezó a agobiar con puñetazos el vientre de Lencho y, de repente, como un maremoto, levantó el puño y lo dejó caer como un martillo en un lado de la cabeza de Lencho. Una extraña sonrisa apareció un par de veces en la cara de éste.

Fue entonces cuando empezó a asustarse, agitando los guantes en el aire como si estuviese espantando moscas. Al volver al rincón, adoptó una sonrisa afectada, para dar a entender que no estaba aturdido. Pero eso era una excusa chapucera. En las gradas, el silencio era tal, que prácticamente se oía respirar a la gente.

Cualesquiera que fuesen los planes de Lencho para

el tercer asalto, no eran muy buenos. Boise empezó a desarmarlo golpeándolo en la mandíbula con los codos y tratando de colocar unas ráfagas de golpes contra sus costillas que le hacían gruñir. Para protegerse, Lencho cruzó los brazos y empezó a dar pasos atrás, moviendo la barbilla de un lado a otro, tercamente, a tirones, para evitar los golpes. Cuando Boise lo golpeaba de lado en la oreja, sus hombros se ponían rígidos y su mandíbula se estremecía como sacudida por una pequeña corriente eléctrica.

Mi corazón palpitaba dentro del pecho. Estaba muy nervioso. Sus párpados aleteaban con aire febril, aunque tenía la cara helada, como arrasada por un viento ártico. No podría decir si sonreía o bien hacía muecas. Lencho ni siquiera se molestaba ya en entrar, sólo estaba allí, y apretaba con los dientes el protector bucal, y seguía a Boise por el ring con los ojos hinchados. Podría decirse que estaba acabado.

Me apreté las mejillas para calmar mis nervios, pero no lo conseguí. A mi lado, Miguel le gritaba a Lencho que avanzara:

—¡Vamos, Lencho! ¡Vamos! ¡Ataca! ¡Ataca!

Me hubiera gustado gritarle que se callara. La verdad es que yo tenía miedo de que Lencho se cayera. Entonces yo no sabría qué hacer. Había esperado tanto de él, que la desilusión me hacía daño, verdadero daño. De pronto me di cuenta de que no debería haberle dado tanta importancia a la pelea. Si algo tan feo como un combate de boxeo se alimenta con orgullo, sólo puede crecer a base de crueldad y al final podría reventar en las caras de todos.

Cuando por fin el viejo señor Hart hizo sonar la campana y terminó el combate, yo respiré aliviado. Era obvio quién había ganado. El entrenador Rogers dio un abrazo victorioso a Boise. Después se precipitó —¡el viejo zorro!—, como si lo sintiera de verdad, a agarrar a Lencho por la nuca, como un padre orgulloso, mirándolo a los ojos.

Miguel se apresuró a dejar el ring y a hablar con los chicos de las boinas que estaban junto a las puertas de salida. Les costaba trabajo no mostrar lo que realmente sentían. Más tarde, cuando todo hubo pasado, después de analizarlo y todo eso, decidieron darle la patada a Lencho y echarlo de su organización. Decían que los avergonzaba y, aún peor, causaba una pérdida de unidad entre ellos y sus hermanos negros.

Pero eso fue más tarde. En aquel momento ninguno andaba por allí, excepto yo, y Lencho seguía buscando a alguien para que le quitase los guantes. Incluso cuando vino Boise —ya sin sus guantes, con sus dos manos desnudas— y estrechó los brazos de Lencho, éste miraba sus guantes de un modo curioso, como se mira a un perro que va a escarbar en tu jardín, medio enfadado con el perro y medio triste por el jardín. Yo tenía un peso en el pecho como un bloque de cemento y el corazón encogido, pero me adelanté y empecé a despegar el esparadrapo y a desatar los lazos, porque Lencho quería que alguien le quitase los guantes.

8

ASUNTO DE FAMILIA

El día que llevamos a Magda al hospital hacía mucho frío y el viento me sacudía en las orejas como un látigo. Recuerdo las lágrimas de hielo que goteaban de los árboles y los charcos helados que rodeaban el suelo ennegrecido junto a las raíces. Me parecía que los dedos se me iban a desprender de los huesos cuando los abría y cerraba. La parada del autobús, hecha de bloques de argamasa, estaba al otro lado del hospital. Al salir del autobús, un pedazo de papel llegó a la acera dando vueltas y se pegó a la puerta de entrada de hierro forjado.

Fuimos al hospital porque Magda había venido a casa llorando. Vomitó en los escalones y, al querer levantarse, se desmayó y chocó contra la puerta. Mamá y yo estábamos en la cocina, ella cosiendo un botón de una camisa y yo limpiándome las uñas. Mamá se levantó en seguida de un salto y abrió la puerta gritando, asustada. No sabía por qué gritaba y pensé que había ocurrido algo raro, tal vez que un perro rabioso había entrado en casa, o una rata gigante asomaba la cabeza por un agujero, dos cosas que sabía aterraban a mi madre. Corrí detrás de ella. Al principio creí que a Magda la había atropellado un coche. El cruce con la calle Walnut no tiene semáforo y hace una curva tan cerrada que los coches se te echan encima antes de que te des cuenta. Pero por el modo de apretarse y quejarse del vientre, pensé que sería una intoxicación, como le pasó a mi tía Letty cuando volvió de México. Pero al acercarme noté una mancha de sangre en la falda del vestido.

Mi madre tenía sus sospechas. Tiró de mí y me dijo que ayudara a Magda a entrar. Los chismorreos se propagan por aquí más de prisa de lo que arde la hierba. Las sospechas de mamá se confirmaron. Magda estaba sufriendo un aborto. Mi madre lo suponía por la manera en que se agarraba el vientre, que se le notaba hinchado bajo el vestido suelto. Ella había perdido dos bebés; uno había nacido muerto y el otro nació demasiado pronto para empezar a vivir y murió en la incubadora del hospital sólo un par de horas después de empezar a respirar. Mamá decía que había tenido que poner a su niñita en una caja de zapatos, de lo diminuta que era.

Magda estaba rígida y pesaba como un muerto cuando la arrastramos hasta el cuarto de baño por el piso de cemento. Doblaba los dedos como si los enganchase en pequeñas grietas en el aire y cada vez que lloraba me llegaba el olor fresco del mentol, como si una hoja de arce me rozara el cuello.

Costó trabajo llevarla al baño, pero en cuanto nos

paramos, mamá me dijo: «¡Vete!», y me agarró del brazo para echarme. Yo no sabía por qué estábamos en el baño ni qué demonios pasaba con Magda, así que me resistí a salir. No lo intenté con demasiado empeño y como ella era más fuerte que un oso, cerró la puerta de golpe en mis narices. Me quedé fuera no sé cuánto tiempo, sin pensar en nada. Después abrí la puerta. Magda se había quitado el vestido y tenía la cabeza apoyada contra el retrete. A su lado, como si hubiera acabado de salir, estaba aquel bebé diminuto, como un muñeco viscoso, con una gran cabeza sin pelo y embadurnado de algo color rojo azulado. Tenía la boca apretada y los bracitos levantados y cruzados, como un luchador victorioso con los dedos extendidos como para agarrar una canica. Mamá manipuló un poco el cordón con el que estaba atado y tiró el bebé al váter.

En el autobús camino del hospital, mamá lloraba y se lamentaba por no seguir sus instintos y no hacer preguntas. Debería haber arrastrado por los pelos hace semanas a la bruta de mi hermana y haberle pedido explicaciones. Sólo estaba agradecida al Señor porque papá no estaba en casa. Forzó la voz con los dientes apretados y me advirtió que no se lo dijera. Al oír el nombre de papá, Magda empezó a lloriquear, y en el autobús la gente volvía la cabeza. Por el modo como nos miraba por el retrovisor el entrometido conductor, podría decirse que pensaba que estábamos locos. Le lancé una mirada asesina, para que todo el mundo viera que no éramos una familia como para meterse con ella. Hasta que llegamos a la parada de delante del hospital y empezamos a llevar a Magda a la entrada de urgencias, no me di cuenta del frío que hacía. Por suerte, la sala de urgencias estaba más caliente. Mientras mamá rellenaba los formularios, me senté con Magda en las sillas de plástico color naranja y tubo negro, todas arañadas. Magda tenía la cara sudorosa y el pelo pegado a la frente, y se sentaba con las piernas levantadas, como meciéndose. Se estremecía y sollozaba, y cada vez que lo hacía, yo sentía retorcerse mi estómago. Una vez cometí el error de tocarle la cabeza y gimoteó en voz alta. La recepcionista, una señora mexicana como nosotros, suspiraba y movía la cabeza. Mamá abría y cerraba su viejo abrigo de felpa, que por fin se quitó. Durante meses había tratado de convencer a papá para que le comprara un abrigo largo, de color beige, con los botones grandes como monedas de cincuenta centavos, que había visto en Penneys. Papá se negó la mayoría de las veces, levantando la mano como para proteger sus ojos del sol. Otras veces había prometido comprárselo a final de mes, a sabiendas de que el dinero siempre sería el obstáculo entre ella y el abrigo. Un día vino diciendo que había ido al almacén y el abrigo ya no estaba. La vendedora dijo que se habían agotado. No importaba, dijo mamá. Se había acostumbrado a llevar su viejo abrigo y doble jersey. Aunque por el tono lloroso de su voz se diría que odiaba ese abrigo; pero no quería darle a mi padre la satisfacción de haberle negado algo que él sabía que quería.

Se acercó a mí y me dijo al oído:

—Esa señora podría hacer llorar a Santa Claus.

Así era mi madre, siempre bromeaba con las cosas

que nos hacía la gente. Más tarde se lo contaría a nuestra vecina Sofía como si fuera la historia más divertida del mundo. Dijo eso de la recepcionista porque sus suspiros no expresaban ni simpatía ni desconcierto; ni siquiera curiosidad; eran suspiros de desaprobación. En la sala de espera había dos personas con caras enfermas y decaídas, y otra con un dedo o una muñeca rotos. Había un hombre con una venda en la cabeza sentado a nuestro lado. Se apretaba la frente con un montón de pañales. Su mujer nos dijo que estaban junto a un bordillo, cuando uno de esos camiones pesados dobló la esquina y un tubo resbaló de la parte de atrás, golpeó a su marido en la frente y le hizo perder el conocimiento. Que ella estaba aterrada y no pudo encontrar ayuda. Al principio pensó que los del camión no se habían dado cuenta, pero ahora que lo recordaba oyó frenar como si fuera a pararse, y entonces aceleró de nuevo. Dijo que era curioso que no recordara eso antes, y ahora, en ese preciso momento, le venía a la memoria.

Su marido la miró a hurtadillas como diciendo: «Oh, por favor».

Esa señora me ponía nervioso por su modo de mover las manos y ocuparse de su marido; dijo que se indignó al ver cómo aquellos tipos habían acelerado después de golpearlo. Lo peor era que él no podía hablar. Cada vez que lo intentaba, un hilillo de sangre le resbalaba del lóbulo de la oreja. Tampoco podía reclinarse en los asientos, por el ángulo de su herida. Así que sólo podía estar sentado con los hombros rectos y la frente apuntando al techo.

Un rato después, mamá me agarró del brazo y dijo

que Magda necesitaba ir al servicio. Yo la ayudé a bajar al vestíbulo. Estábamos tan ocupados para que no se cayera que entramos en el de caballeros. Me di cuenta en seguida porque olía muy mal, no había puertas en los retretes y todo estaba salpicado de gotas amarillas.

Pero antes de poder sacar a Magda de allí, se desmayó y mamá se asustó y me ordenó avisar a la recepcionista. Al salir corriendo y resbalando en el suelo de baldosas, vi la cabeza de Magda apoyada en el suelo, cerca de unas huellas negras de tacones.

La recepcionista estaba sentada muy tiesa detrás de su mostrador. Tenía que haber oído gritar a mamá, pero me miró sin una pizca de simpatía.

—Necesitamos un médico —dije al llegar—, mi hermana se ha desmayado. Está allí en el suelo, sin sentido.

—¿Habéis usado los servicios de caballeros? —nos preguntó.

—Sí, pero...

La recepcionista me inspeccionó de arriba abajo, con cara de palo. Recogió algunos papeles de su mesa, los colocó cuidadosamente en orden, después guardó una pluma y un portaplumas de mármol en un cajón. Sacó una llave del bolsillo y lo cerró. Al mirarme con los labios apretados y sus cejas pobladas y negras, no sabría decir si estaba aturdida o enfadada.

Cuando volví a los lavabos, Magda seguía en el suelo, muy quieta. Pensé que estaba muerta. La recepcionista, que no parecía asustada en absoluto, estaba muy derecha, con los brazos y las piernas abiertos.

—Se pondrá bien —dijo—. Sólo está débil, eso es todo. Cuando la ingresemos, el doctor la pondrá a punto.

Mamá pasó las manos bajo los hombros de Magda y la incorporó.

—Vamos, cariño, vamos a ver al doctor.

Sus manos empezaron a deslizarse bajo las axilas de Magda, que otra vez empezó a escurrirse hacia el suelo.

—Manny, ven aquí y ayúdame —dijo—. Tenemos que llevarla a la consulta.

Se dirigió a la recepcionista y le dijo con mucha educación que si por favor podría conseguirle una silla de ruedas.

—Está bien, lo haré, pero sintiéndolo mucho, no pueden ver ahora al doctor.

Mi madre empezó a levantarse, pero no lo hizo. De hacerlo, la cabeza de Magda hubiera golpeado contra el suelo.

—Es sólo que el doctor no puede verla en seguida —explicó la recepcionista. Tenía los ojos fijos en las huellas de pisadas que había en el suelo, parpadeó y propuso con firmeza—: Si vuelven a la sala de espera, en cuanto esté libre los llamaré, ¿de acuerdo?

Antes de que mamá pudiese contestar, apartó los ojos del suelo y salió a toda prisa, diciendo algo que no pude entender.

Yo trataba de sujetar a Magda por los hombros cuando mamá volvió golpeando la puerta de batientes con una silla de ruedas y me hizo saltar asustado por el estampido.

Supongo que la recepcionista no había terminado su conferencia sobre el doctor, porque en cuanto entró, empezó a hablar de cómo el trabajo de los médicos no cesa en diez horas al día, a veces por las noches, y de la dedicación de todo el personal. Lo sabía porque ella misma había mecanografiado los horarios. Añadió algo más acerca de que la gente como nosotros espera que todo le sea servido en bandeja de plata. De que nunca nos hacemos cargo de responsabilidades. Dijo que es porque estamos «confusos» y «fastidiados». Sólo que ella no dijo «confusos» y «fastidiados», sino «neuróticos» y otra palabra médica que no pude descifrar.

Los hombros de mi madre empezaron a crisparse y pensé que de un momento a otro iba a saltar y a arrancarle el pelo a la señora. Pero estaba demasiado ocupada sujetando a Magda por debajo de los brazos y tratando de mantener quieta la silla de ruedas, que se escapaba hacia la puerta.

Iba a levantarme para decirle yo mismo a la señora que se fuera, pero entonces Magda se volvió hacia mí y dijo mi nombre, Manny, en voz baja y débil.

Por fin conseguimos sentarla en la silla de ruedas. La recepcionista sujetó la puerta y nos observó con blando aburrimiento. Ya no predicaba. Ni siquiera parecía sentirse violenta por su baboso sermón. En todo caso, era mi madre quien parecía estar violenta y desconcertada por lo que la señora había dicho, aunque no sorprendida. A mi madre no le sorprendía nada. Siempre esperaba que la gente la tratara mal. Después, dentro de ella se encendió un poco de rabia. Cuando dio vuelta a la silla para sacar a Magda, dijo con voz ronca, dirigiéndose a mí, no a la señora, que mantuviese la puerta abierta.

En la sala de espera nos sentamos cerca del tipo que se sujetaba los pañales ensangrentados en la cabeza. No se podía ver mucho debajo, pero era un hombre calvo, con orejas bulbosas de alcohólico y el cuello bronceado. Su mujer había venido a ver qué pasaba al oír el barullo. Cuando iba con nosotros por el pasillo, sus grasas se movían en distintas direcciones. La señora se paró en la máquina del café y dejó caer algunas monedas dentro. El pitorro hizo salir a chorros una agua oscura y herrumbrosa. Pretendía dársela a su marido, pero él la miró como a una idiota por pensar siquiera que podía beber de una taza bajo su montaña de pañales. Ella preguntó a mamá si quería el café. Mamá lo aceptó, tragó un poco y lo dejó en sus rodillas.

—Qué gente —dijo la señora sentándose junto a mi madre—. Yo tampoco puedo soportarlos. Es como si les importasen más los *gabachos* que nosotros.

Movió la cabeza a ambos lados y se quedó mirando al suelo.

Yo estaba sentado detrás de mi madre y de la señora. Vi que los hombros de mamá se movían. Estaba llorando. La señora extendió la mano y la puso en las rodillas de mi madre. Al hacerlo, una lágrima le cayó en el brazo y se la limpió rápidamente, como si quemara. Levantó la vista hacia su marido, que la miraba a hurtadillas desde la barricada de pañales. Echó atrás la cabeza e hizo señas con los dientes apretados. Quería que ella se ocupara de sus propios asuntos y se dedicara a cuidar de él.

Era temprano cuando volvimos del hospital, pero ya de noche. Papá estaba dormido y de Nardo no se sabía nada. Pedi estaba en casa de Sofía. Yo fui a mi habitación y me acurruqué entre las mantas; me sentía agotado y ansioso, encogido en la cama. Debí de quedarme dormido, porque al oír gemidos me senté en un abrir y cerrar de ojos; por debajo de la puerta entraba la luz de la mañana y Nardo estaba a mi lado, dormido. Oí hablar sola a mamá. No estaba seguro de si estaba diciendo algo a Magda o recordando las tareas que había que hacer. Levanté mi lado de las mantas, la llamé y después di con los nudillos en la pared para ver si podía llamar su atención. Papá me oyó y empezó a murmurar palabrotas sobre los dichosos chicos, pero no se levantó.

A mi lado, Nardo era un oscuro bulto en la cama. Le cuchicheé, pero no hubo respuesta. Apenas podía verle la cara en la oscuridad. Me pregunté si debía despertarlo, pero cuando estaba a punto de tocarle en el hombro, tiró de la manta y se hizo un ovillo. Vi oscilar una sombra por debajo de la puerta y salté de la cama.

Magda había pasado la noche con fiebre, echando flemas y tosiendo. Cuando fui a su cuarto, la sábana estaba húmeda y la manta desordenada de tanto moverse. Tenía los párpados pegados por el sudor y la saliva se había escurrido hasta la almohada. Mamá estaba sentada a su lado en la cama, preguntándose en voz alta si debería volver a llevarla al hospital. Su fiebre era más alta de lo que el médico había dicho.

Al oírme, me mandó que me quedase en la puerta. No quería que me pusiera a hacer preguntas. Así que me quedé donde estaba, mirando la espalda de mamá, en tanto ella empapaba una toalla en un cuenco con agua, la escurría y lavaba un poco la humedad de la nariz de Magda.

—¿Vamos a llevarla al hospital? —dije retorciendo mi camiseta con el dedo.

Mamá se volvió y, después de posar sus ojos en mí durante un segundo, miró por encima de mi hombro. Me volví y vi a mi padre por una rendija de la puerta, al otro lado del pasillo, con las mantas echadas a patadas a sus pies y el brazo colgando a un lado de la cama. Había vuelto a quedarse dormido nada más gritarle a mamá que dejara de hacer ruido. Parecía un bebé enorme, pero con bigote y pelo gris.

—Vuelve a dormir —dijo mamá dulcemente—, deja de preocuparte por tu hermana.

Y le pasó otra vez la toalla húmeda por la cara.

Me quedé donde estaba, con los ojos clavados en su camisón azul.

—Mamá, creo que es mejor que vayas a buscar las llaves de papá, así podremos llevarla al hospital —dije, y volví a taladrar la camiseta con el dedo.

Mi madre me miró entornando los ojos.

—Escúchame Manuel, si no vuelves a la cama...

Se detuvo ahí. Era el tono de voz que utilizaba conmigo a menudo, pero yo iba siendo demasiado mayor para someterme a sus amenazas. Si me ponía terco, por lo general llamaba a mi padre para que interviniera. Pero papá no sabía lo que había sucedido y ella no quería que lo descubriera.

—Creo que deberíamos llevarla al hospital —dije cuando Magda dejó escapar un leve gemido.

Mamá puso con suavidad la cabeza de Magda en la almohada, después se volvió hacia mí con furia en los ojos y la mejilla derecha palpitante, como si ese lado de la cara se estuviese hinchando. Agarró la toalla húmeda y la lanzó a mis pies.

—Te he dicho que vayas a dormir —dijo fríamente.

Después, de pronto, antes de que yo pudiese decir nada o apartar siquiera los ojos de la toalla mojada, se levantó y me dio una bofetada en la oreja con la mano ahuecada como una cuchara. Me quedé de pie, tenso, pero el golpe era como un pincho dentro de mi oído y me tambaleé, dando con la cabeza contra el borde de la puerta. Me desplomé sobre una rodilla y me quedé allí mirando al suelo. Cuando mi madre volvió a hablar, levanté la cara. No estaba enfadado ni asustado, pero sólo pude suplicarle con los ojos.

—¡Ahora vete a dormir! —dijo con la voz rota.

Me negué a moverme. Me sujeté la oreja como si fuera un flemón.

—Lo que ocurre es que no quieres que él se enfade contigo —dije con voz aguda.

Mi madre miró en torno de ella como si buscara un lugar donde esconder los ojos.

—¡No tenemos dinero! —gritó. Después enrojeció asustada y se tapó la boca, temerosa de que un chillido más pudiera despertar a mi padre.

Entonces, quizá para evitar decir nada más, me pegó de nuevo, esta vez con golpes constantes y duros. Como relámpagos en zigzag, dejó caer bofetada tras bofetada en mi cuello y en mi hombro. Arqueé la espalda para cubrirme, no quería hacerlo levantando el brazo, porque pensaba que ella dejaría de pegarme si yo no hacía nada.

Cuando por fin levantó los ojos, retrocedió con una

expresión de pánico y con su pelo largo caído sobre la cara. Se echó atrás unos mechones y se quedó quieta, con la nariz brillante y las mejillas llenas de lágrimas.

—*Mijo*, por favor, haz lo que te digo —rogó tragando saliva. Después su voz se hizo más tierna, y empezó a engatusarme diciendo—: Por favor, no puedo despertarlo. Te maldecirá por no vigilarla, te dirá que es culpa tuya. Vamos, cariño, vuelve a la cama. Yo me las arreglaré con Magda. No te preocupes.

Sus últimas palabras fueron sólo un murmullo, y un hilillo vidrioso se le escurrió por la barbilla.

Me recosté contra la pared, con el brazo medio entumecido.

—¿Por qué iba a echarme la culpa? —pregunté, y mi voz sonó como la de una chica—. ¿Por qué no se la echa a sí mismo?

Mi madre me miró, dolida por lo que yo había dicho y sentí un peso en el estómago. Le hacía daño porque no quería admitirlo, por miedo a ser también culpable.

Pero entonces, papá se sentó en la cama de golpe, dando un resoplido y haciendo crujir los muelles del somier. Se quejó en voz alta. Tantos años de manejar herramientas y cargar sacos le habían dejado las palmas de las manos llenas de callos amarillentos y una hernia discal en la espalda. No podía moverse tan fácilmente como antes. Gruñía cada vez que se levantaba de un sofá o de una cama.

Mamá me miró fijamente. Pensé que se quedaría helada para siempre, pero de repente miró por encima de mis hombros. Allí, en la puerta, estaba mi padre. Me puso la mano en el hombro y miró al interior de la habitación. A pesar de sus ojos medio adormilados, medio doloridos, en un instante se dio cuenta de lo que pasaba.

—Métela en agua —dijo a mi madre en español.

—Pero...

—Métela en agua —dijo de nuevo, esta vez bruscamente; después se fue tambaleándose y como distraído. Yo pensé que se volvía a la cama, pero entonces vi encenderse una luz al final del pasillo y oí correr el agua en la bañera. Volvió, pasó delante de mí y, sin decir una palabra, levantó a Magda de la cama con un enorme gruñido.

Papá cargó con Magda como una hormiga que llevase un enorme pedazo de pan. Salió del cuarto y yo me deslicé a su lado sujetando los brazos de Magda. Sabía que le dolía la espalda. En el cuarto de baño, papá puso a Magda en la bañera, con camisón y todo, y la movió continuamente. Ella flotaba un poco, con el camisón hinchado en el agua como la vela de un barco y, después de un largo rato, abrió los ojos. Nos miró y nosotros a ella, y entonces, con una sorpresa que demostraba que la fiebre había pasado, miró asombrada a papá. No sé si era por el dolor de la espalda, o por ver enferma a Magda, o por las dos cosas, pero él tenía la cara roja y trémula, como sacudida por un viento caluroso y sofocante.

9

MORIR DE AMOR

Para sorpresa de mi madre, papá encontró un empleo en la oficina de la compañía constructora Awoni. Y para sorpresa de todos, Nardo consiguió un empleo de repartidor en la farmacia de Giddens. Yo lo ayudaba en el reparto los sábados, cuando el tiempo era de un frío tan cortante que se te clavaba como anzuelos a través de la ropa y al respirar se formaban nubes de vapor delante de ti. Nardo dejaba el motor en marcha mientras yo cobraba, o pedía el volante, o cualquier otro arreglo que los jubilados tuvieran con la farmacia. Después íbamos a comer al barrio chino y pedíamos platos calientes de pasta y cerdo agridulce.

Aquel sábado me levanté de la cama, me puse la chaqueta roja de cazador y fui en seguida a meterme entre la niebla. Oí el silbido del grifo de la cocina y vi a mamá por la ventana, escurriendo una fregona y canturreando mientras sacudía la suciedad de las hebras. Llevaba su bata estampada de flores, ya desteñidas, arrugada como si la hubiera aplastado entre las manos antes de ponérsela.

Siempre empezaba a trabajar antes de salir el sol, cuando podía pensar con claridad sin un montón de niños gritando, o Sánchez, nuestro vecino con la Virgen azul tatuada en la espalda, acelerando a fondo el motor de su coche. Frotaba el suelo con furia y arrastraba los pies dentro de las viejas botas de mi padre, aquellas a las que les faltaban los cordones y llevaban las lengüetas fuera. Casi siempre fregaba el suelo descalza, ya que sus pies tenían callos suficientes para pisar las colillas de los cigarrillos de mi padre sin pestañear, pero ese día hacía demasiado frío.

Oí correr más agua por las cañerías, después de un chapoteo en la bañera. Papá tomaba un baño y cantaba. Desde que tuve uso de razón, siempre lo había oído cantar la misma balada, especialmente cuando estaba de buen humor; era esa balada mexicana cuyas palabras no entendía muy bien. Repetía una y otra vez la misma frase: *Quiero morir de amor* o *Quiero vivir con amor*. Una cosa u otra, no estaba muy seguro, pues las dos frases suenan parecidas.

Al acercarme a la farmacia, el sol ya estaba apuñalando a los fantasmas de la niebla con su gran mano azul, apartándolos como a las telarañas. En esa calle, los arces eran deprimentes y rezumaban humedad, con la corteza despellejada cubierta por el polvo vidrioso de la niebla. Pero también eso se estaba disolviendo. Y al levantarse viento, una fina llovizna me salpicaba la cara.

Nardo, que había salido más pronto, debía esperarme fuera, puesto que no quería que el señor Giddens supiera que yo trabajaba con él. Aunque dudaba de que lo despidiera si se enteraba porque con mi ayuda, Nardo era el repartidor más rápido que tenía su viejo jefe. Esperé fuera, tratando de no dar diente con diente. Por fin, en contra de sus instrucciones, entré.

El señor Giddens, detrás del mostrador, estaba echando píldoras en un frasco con una paleta de plástico. Tenía las manos resecas y la cara cortada como si llevara abrazaderas de béisbol. Me comporté con desenfado, haciendo como que leía algunos prospectos y dejándolos después donde estaban.

Con el rabillo del ojo vi que el señor Giddens me estaba observando. Dejó lo que hacía y se me acercó. Tenía un bigote de sudor y unas gotas finas, que parecían diamantes, bajo los ojos. Debía de haber perdido mucho más dinero en atracos que en los recibos del gas y por eso mantenía la farmacia a la máxima temperatura, de modo que todos los que entraran tuvieran que quitarse los abrigos y colgarlos en el perchero junto a la puerta. Yo no me quité el abrigo, y por eso el señor Giddens se fijó en mí.

Señaló con el dedo el almacén de la parte de atrás y dijo:

—Sería mejor que tú y Bernard movierais aprisa los traseros; los demás chicos ya se han ido.

—Sí, señor Giddens —dije, encaminándome hacia el pasillo—, nos iremos en seguida... quiero decir, le diré a mi hermano que se vaya.

—No creas que no sé que trabajáis juntos —dijo a voces detrás de mí, mientras se limpiaba la cara con un pañuelo—. No nací ayer.

135

Nardo estaba ocupado ordenando las recetas en una caja de cartón. Los otros chicos acaparaban las rutas en las que daban propinas, o hacían el reparto cerca de sus casas y así podían pararse a almorzar. Nardo no tenía que hacerlo, porque la mayor parte de los chicos vivían al otro lado de la ciudad, y en nuestro barrio no se daban propinas.

Pareció enojado cuando entré. Hizo un gesto de saludo y siguió contando los paquetes de recetas.

—¿Ya estás listo?

—Sí, vámonos.

—¿Vamos a ir al chino?

—¡Sí, vamos a ir al chino! —dijo todavía enfadado—. Aunque deberíamos terminar el reparto antes de comer.

—Si tú lo dices.

—Sí, lo digo. ¿Y a qué viene entrar en el almacén? —Puso la caja en una silla y sacudió el abrigo antes de ponérselo—. Da igual, ¿qué te ha dicho ese viejo de mierda?

—Creo que ya sabe que estamos trabajando juntos.

—Eso pasa por pregonarlo a gritos; sabía que se enteraría —dijo, y se pasó los dedos por el pelo—. Bueno, si no lo admitimos, todo irá bien.

Para seguir disimulando, volví a pasar por la tienda con la idea de dar la vuelta al callejón, donde me recogería Nardo.

Entonces fue cuando vi a Dorothy, la hija del señor Giddens, aunque entonces yo no sabía su nombre, ni quién era. Estaba donde yo había estado antes, mirando las tarjetas de la farmacia, moviendo los brazos y hablando nerviosamente con el señor Giddens. Se separó de él muy acalorada, pero perpleja por alguna cuestión candente; después giró en redondo y dijo algo como «¡Estás bromeando!» o «¡Eso es difícil de creer!». Al verme, me sonrió como si me conociera, y se volvió hacia el señor Giddens, que parecía haber tenido una idea luminosa.

—Ah, Manuel, ¿puedes venir aquí un momento? —dijo señalando con el brazo un pequeño espacio—. Quiero presentarte a mi hija.

Siguió moviendo la mano en círculos para que yo me acercara, pero no pude conseguir que mis pies se movieran. Algo andaba mal. No era normal que el señor Giddens me llamara para presentarme a su hija. Apenas hablaba nunca con Nardo, y la única vez que había hablado conmigo había sido para chillarme.

—Dorothy, éste es uno de los repartidores, Manuel... Hernández, ¿o es Herrera?

—Hernández.

—Sí —dijo moviendo la mano como para quitarle importancia—. Con Bernard me confundo también. —Sonrió y me echó un brazo por los hombros.

Dorothy llevaba una falda beis y un jersey fino de lana con dibujos de ochos, el pelo sujeto con horquillas y algo de flequillo en la frente. De cerca, sus hombros y su pelo olían como un huerto de melocotones mecido por el viento, y el rostro mostraba una especie de blanda suavidad, como si se hubiera dado un masaje con aceites y cremas especiales. La nariz era fina, con los más deliciosos ángulos, y tenía una forma soñadora de mirarme que hacía que me derritiera por dentro.

—Hola, Dorothy —le dije, ansioso por conocerla, resistiéndome todavía al empujón del señor Giddens.

—Hola —dijo sonriendo.

Quería hablar más con su padre, pero él no quería. Me sujetó los hombros con sus dos manos.

—¿Sabes, Dorothy?, Manuel va a ser un día mi mejor repartidor. Ahora está practicando con su hermano Bernard. Aunque es demasiado joven para tener permiso de conducir, pero en cuanto lo tenga va a conseguir un empleo aquí mismo.

—¡Pero, papá!, ¿qué pasa con las tarjetas? —dijo ella, y dio un largo paso adelante.

—¡Oh, sí, las tarjetas! ¿Eso es todo lo que querías? Bueno, adelante, llévate todas las que quieras. —Movió la mano con descuido y señaló al pasillo—. Si quieres más, hay cajas en la parte de atrás. Manuel puede ayudarte.

—Ya tengo las que quiero —dijo Dorothy, y se dio unos golpes en una mano con las tarjetas que tenía en la otra.

—Bien, te diré lo que puedes hacer. ¿Cuántas tarjetas tienes ahí?

Dorothy ladeó la cabeza y cerró un ojo como sopesando algo.

—¿Quince? —dijo.

—Quince, bueno. Vas a hacer una cosa. Llévate una más, haz un número par, dieciséis. Estoy seguro de que aquí, a Manuel, le gustaría ir a tu fiesta. ¿Qué dices? ¿Te gustaría ir a la fiesta de Dorothy? Habrá muchas cosas de comer y ponche.

Lo dijo con entusiasmo y volvió a limpiarse la cara

con el pañuelo, pero mientras hablaba, los hombros de Dorothy se ponían tensos y su sonrisa se enfriaba un poco.

—¡¡Papá!! —dijo con énfasis.

—No, no, lo digo en serio. Yo creo que a Manuel le gustaría ir. ¿Te gustaría, Manuel? Seguro... seguro que te gustaría.

—¡¡¡Papá!!! —exclamó otra vez Dorothy, y ahora su sonrisa se borró.

Luchaba por mantener las manos quietas a los lados. Estaba tensa y los huesos del pecho parecían querer separarse del músculo, como alas a punto de emprender el vuelo.

—¿Sabes, querida? —dijo el señor Giddens con los ojos brillantes—. Ahora que lo pienso, quizá a alguno de los otros repartidores le gustaría ir a tu fiesta. Puedo preguntarles.

—¡Son demasiado viejos! —exclamó Dorothy—. Vas a aguarme la fiesta, papá. ¡Vas a estropearlo todo como haces siempre!

Su cara estaba enrojecida y desafiante.

—Bien, quizá tengas razón, cariño —dijo el señor Giddens; puso la mano en su cintura y miró a Dorothy como si estuviera resolviendo un complicado problema de matemáticas—. Puede que Manuel... ¿tienes novia?

Una idea se encendió en la cabeza de Dorothy y se volvió hacia mí esperanzada.

—Puede que no quiera venir, papá.

—¡Seguro que quiere ir!, ¿verdad, Manuel? —dijo el señor Giddens incitándome.

—Bueno —dije. La verdad es que no sabía qué decir,

no sabía lo que pasaba. Aunque, pasara lo que pasara, yo sabía que las palabras no ayudarían.

—Pero él no conocerá a nadie —suplicó Dorothy.

—Para eso estarás tú allí, cariño —rebatió el señor Giddens—, para presentarle, que se sienta bien recibido. Seguro que lo pasará bien.

—Vale... ¡Me rindo! —dijo Dorothy, apretando los dientes y dejando caer los brazos irritada. Me tendió una invitación—. Toma, estás invitado —dijo sin entusiasmo.

A pesar de estar enfadada, Dorothy tenía un aspecto suave y ondulante al salir rápidamente, como si fuera reclamada por los aplausos en un teatro lleno de gente. Me acordé entonces de un jarrón que vi una vez en el Museo Kern. Pertenecía a algún ricachón que había vivido hace muchos años en nuestra ciudad, y era muy hermoso. No el jarrón, en realidad, sino todo lo que había dentro y alrededor de él. Los pétalos teñidos de las rosas, las flores blancas, diminutas como mosquitos, y el color brillante y oscuro de la mesa de caoba. Todo resultaba tan perfecto. Y el jarrón lo reunía todo. Recuerdo que pensé que si alguien hubiera entrado a llevarse aquel jarrón en ese preciso momento, la habitación entera y todo lo que en ella había se habrían venido abajo.

Antes de salir, Dorothy se volvió y sonrió. Fue una sonrisa que me daría vueltas por la cabeza durante días. Yo quería creer que, en cierto modo, había cambiado de opinión respecto de mí y que sería bienvenido a su fiesta, pero en mi interior sabía que no era así. En cualquier caso, no me importaba y sólo más tarde, cuando me di cuenta de que debería haberme importado, me hizo verdadero daño.

Justo entonces sentí unos ojos clavados en mi espalda. Era Nardo, que estaba junto a la puerta del almacén, mirándome. Estaba sonriendo también, pero era una sonrisa burlona, como si no envidiase mi situación.

Fuimos directamente a casa después del trabajo, sin detenernos en el barrio chino. Nardo estaba ansioso por contarles a todos lo de Dorothy. Se quitó el abrigo y lo tiró en el cuarto de estar; por un pelo no dio en el estante donde mamá colocaba sus animales en miniatura. Se acercó a Magda, que estaba comiendo gachas en la mesa de formica amarilla y dijo:

—¿Sabes una cosa? ¡Manny bebe los vientos por la hija del señor Giddens!

—¿El señor Giddens tiene una hija?

—Sí, y además, bonita. Al menos creo que es bonita por debajo de todo ese maquillaje esnob. Pero deberías haber visto a Manny. —Me señaló con un dedo—. Todo fofo y colorado. Un triste espectáculo, chico. Pensé que se te iba a caer la mandíbula.

—A mi mandíbula no le pasaba nada —dije con aspereza.

—Vaya, ¿qué quieres que te diga? —Arqueó las cejas y estiró los diez dedos—. Si lo nota el señor Giddens, todo el mundo puede notarlo.

—Nadie nota nada —dije, y me dejé caer en una silla.

—Nadie nota nada —remedó Nardo. Me zarandeó por el hombro en broma—. Deberías haber oído lo que dijo cuando saliste por la puerta principal. ¿No quieres saberlo? —Me dio una palmada en el hombro.

Me moría por saberlo, pero no estaba por la labor de admitirlo delante de él. Con tan sólo insinuar que me interesaba, él no me lo diría mientras pudiese torturarme no diciéndolo. Él y Magda me miraban con superioridad y sonreían de oreja a oreja. Cuando yo los miraba, cerraban la boca y se hacían señas con la cabeza.

—¿Hay más gachas? —preguntó Nardo con la cabeza metida en el refrigerador.

—No, sólo hice esto para mí —dijo Magda inocentemente—. Mamá me dijo que esperara hasta que volviera.

Nardo hacía como que no pasaba nada, pero yo creo que sabía que me había intrigado. Cerró la puerta y me miró con ojos inexpresivos.

—¿No sabes lo que está pasando, estúpido? —estalló de repente—. El señor Giddens y su mujer van a estar fuera de la ciudad. Él sólo quiere que tú espíes en la fiesta de su hija mientras él está fuera.

Magda se echó hacia adelante, moviendo la cabeza. Tenía la boca llena y tuvo que tragar antes de hablar.

—¿Quieres decir que ella no lo invitó? —preguntó medio asfixiada.

—No.

—Sí, sí me invitó.

—Chico, vas a estar fuera de lugar allí —dijo Magda con gesto de desaprobación.

—No, oye. Piensa que de verdad lo han invitado.

—Ella me dio una invitación —dije acaloradamente.

—Sí, una invitación sin nada escrito.

—Probablemente le harán lavar los platos —intervino Magda.

—No, le dirán que dé de comer al perro.

Magda apartó sus gachas de maíz, por miedo a volcar el plato si se reía, pero aun así derramó un poco.

—Bah, tíos, reíos lo que queráis, no me importa —dije, echando atrás la silla.

—Sí, sí... yo ya sé lo que a ti te importa —aulló Nardo.

—¿Es cierto? —preguntó Magda haciendo esfuerzos por ponerse seria—. ¿Te gusta de verdad esa zorra blanca?

—¡No es una zorra! —dije aún más acalorado.

—¡O sea que te gusta! ¡Te gusta! —exclamó. Se apoyó en la silla sonriendo satisfecha, como si recordara algo sabroso—. Chico, creí que tenías el sentido común suficiente para no colarte por una chica blanca.

—No tiene gracia, ¿lo sabéis? ¡No tiene gracia!

—Bueno, yo no trataba de ser graciosa. Era Nardo el que quería serlo. —Magda lo señaló con el pulgar—. Yo sólo trataba de explicarme por qué los chicos chicanos siempre se vuelven locos por las chicas blancas, eso es todo.

Salí echando chispas, porque sabía que no iban a dejar de tomarme el pelo. Empecé a correr por el patio y me paré de repente, al acordarme de que era mejor no apartarse mucho de la casa mientras los hermanos García rondasen por allí como una jauría de perros feroces. Me rezagué junto a los rosales podados de mi madre y toqué las polvorientas espinas de los tallos. Me pinché un dedo y salió una burbujita de sangre. Sabía a cobre.

Los oí reír a carcajadas en la cocina, disfrutando con sus propios chistes estúpidos. Magda se calmaba un poco y luego estallaba otra vez en risitas locas. Por fin dijo algo del pobre niño, que era yo, y regañó a Nardo por ser tan malo. Entonces Nardo dijo alguna grosería que la hizo reír otra vez.

Pero quizá tenían razón. Probablemente todo esto no fuera más que una broma del señor Giddens. Lo que yo sabía era que durante varios días no pude arrancar de mi cabeza la sonrisa de Dorothy. Estaba condenado a largas torturas mentales al recordar cada uno de sus movimientos, sus ojos desafiantes cuando discutía con el señor Giddens, su pelo rubio cayendo en la cara cuando doblaba el cuello. Sus dedos distraídos revoloteando por las estanterías cuando hacía como que no escuchaba.

Llegué a pensar durante horas en los dibujos que el viento trazaba tras ella al salir de la farmacia. Enrojecí de vergüenza al levantar los ojos y ver de repente a Magda delante de mí.

—Chico, la verdad es que estás hecho polvo —dijo moviendo la cabeza—. Vas a tener problemas, ¿lo sabes? Yo en tu lugar no iría a esa fiesta —me advirtió.

—Bueno, no estás en mi lugar. Además, mira quién habla de los blancos.

Magda me miró como si no creyese lo que yo había dicho. Volvió a entrar indiferente, agitando una mano.

—No te quemes, es todo lo que te aconsejo. No te quemes.

Nada más cerrar la puerta detrás de ella, Nardo empezó en seguida a reírse, pero esta vez ella no se reía.

Sufrí durante días la alegría y el terror de querer ir a la fiesta de Dorothy y saber que sería un gran error; era como tener un diente suelto, que uno sigue meneando con la lengua lenta y deliberadamente, provocando el dolor. Sin embargo, el dolor no estaba en mi boca, sino dentro de mi pecho. Luchaba contra él. Me miraba fijamente en el espejo y me ordenaba una y otra vez ser fuerte... ¡ser un hombre! Pero entonces, una vaga sensación comenzaba en el fondo de mi pecho y, antes de poder detenerla, subía por mi garganta hasta mis ojos como un confuso ardor. Mi mente trabajaba ansiosamente, se anticipaba. Al principio, el tiempo parecía lento y pesado, pero después se volvió rápido y ligero, cada vez más ligero hasta el día de la fiesta, cuando la espera dejó de pesar. Aun así, sentí pánico cuando Nardo aparcó nuestro Plymouth delante de la casa del señor Giddens.

Era una noche fría, pero yo estaba empapado por el pavor y apenas podía respirar. Traté de comportarme con desenfado, para que Nardo no se diese cuenta de mi miedo y me tomase el pelo, pero él sabía que algo no funcionaba y me agarró del brazo.

—Eh, no metas el pie en la mierda ahí dentro, ¿sabes lo que quiero decir?

—No.

—Podría apestar.

—¡Oh!

El frío entró de repente al abrir la puerta del coche. Como no tenía calefacción, al hablar salían bocanadas de nubes.

145

—Nardo —dije volviéndome—, ¿qué crees que debo hacer?

Nardo aceleró el motor lentamente. Se apaga si no le das al pedal.

—No lo sé —dijo pensativo—. Deberías tratar de divertirte —dejó el motor en marcha ruidosamente—, ¿qué hay de malo en eso?

—Nada.

—Bueno, entonces no te preocupes. Sólo son un puñado de *gabachos* engreídos. —Sonrió, apretó los labios y dio marcha atrás. El coche bajó la calle retrocediendo y giró antes de ir hacia adelante.

Me acerqué a la casa precedido por el vaho de mi aliento y marcando líneas geométricas con los zapatos en el césped helado. Me espantaba el aire de la noche, las remotas luces de las calles y las ventanas de las otras casas, cerradas como párpados demasiado cansados para permanecer abiertos. Un viento helado que se coló por debajo de mi chaqueta y subió hasta mis costillas me hizo estremecer. Me abroché la cremallera y subí los escalones del porche.

Me abrió la puerta un amigo de Dorothy. Era un tipo fornido, con el pelo del color de las hojas en otoño y con la cara sembrada de pecas. Se quedó junto a la puerta, supuse que para recibir a la gente que llegaba. Imaginé que era el novio de Dorothy al verlo a su lado, luciendo sus brillantes dientes blancos.

Dorothy vestía una falda gris plisada y blusa blanca, planchada incluso bajo los brazos y en las puntas del cuello. Su pelo ondulado llameaba y lo llevaba sujeto con un pequeño pasador negro con diamantitos; también llevaba pendientes. Aunque sus ojos parecían soñolientos, sonreía con una expresión alegre, como si admirase a un lindo bebé.

—¿Cómo te va, Manuel? —dijo, como si ésas fueran las primeras palabras del día.

—Estoy muy bien, gracias —contesté, sorprendido de poder hablar.

—Bueno, entra, hace frío ahí fuera —añadió con mucha formalidad.

Sonreí forzadamente y empujé mis piernas hacia adelante. Notaba los pulmones tan hinchados como globos. Sonaba una canción de los Rolling Stones en el tocadiscos. Estaba muy nervioso, pero me puse la mano en la nuca, tratando de parecer tranquilo, y me sentí mejor.

Incluso en la semioscuridad sentía las miradas de los amigos de Dorothy, que se preguntaban quién demonios era yo. Las chicas, sentadas en un gran sofá de cuero, se transmitían mensajes silenciosos. Los chicos, de pie junto a los ventanales helados, me miraban fijamente. Eran más o menos de mi misma edad o un poco mayores, vestidos con pantalones planchados, jerseys de lana y *blazers*.

Un chico se apartó de la ventana y le tendió una mano a una de las chicas del sofá. Ella rehusó con un gesto aburrido y me señaló. El chico asintió y fue a la cocina, brillantemente iluminada.

Entonces se me acercó una chica con el pelo suave y sedoso como algodón dulce. Tenía la cintura estrecha y pecas oscuras en la cara.

—Hola —dijo estudiándome de arriba abajo—, soy Gloria.

—Yo soy Manuel. Trabajo en la farmacia del padre de Dorothy. —Dije a tropezones las palabras «farmacia del padre de Dorothy», pero ella asintió como si entendiera.

—Oh, ya sé —dijo la chica—, ya sé; me lo contó todo. Dorothy no estaba muy lejos. Estaba cuchicheando con el del pelo rojo, que movía la cabeza arriba y abajo. Después se paseó por la habitación hablando a la gente al oído y mirándome. Yo la veía moverse por allí y sabía que estaba diciendo cosas de mí, pero no me importaba. Recordaba su sonrisa en el almacén y, por alguna extraña razón, me hacía el efecto de una potente luz que me iluminaba por dentro y ahuyentaba las sombras.

El plato del disco giraba, sonó una canción lenta y las luces se amortiguaron. Todos empezaron a bailar, fundidos en la caliente oscuridad de los cuerpos. Por un momento me sentí aliviado, pensando que quizá se habían olvidado de mí. Casi estaba seguro de ello, cuando Gloria me agarró del brazo y me llevó al centro de la pista. Enlazó sus manos con las mías, y un tipo que no conocía nos saludó alegremente desde el otro lado de la habitación con una copa en la mano. Respirábamos uno encima del otro, Gloria con respiración normal y yo nada en absoluto, aunque olía los polvos de sus hombros y el perfume de detrás de las orejas.

Mientras bailábamos vi a Dorothy con el pelirrojo no lejos de nosotros. Ella apoyaba la mano en su pecho y él tenía una copa en una mano y en la otra un cigarrillo que fumaba distraídamente, pero que apartaba al inclinarse para hablar al oído de Dorothy y bajar los ojos al escote de su blusa.

Dorothy tenía un aspecto relajado y natural, como transformada por el aire de la noche. Su modo de levantar los hombros, la manera en que sus tacones se apretaban al bailar, su falda que se agitaba como si el aire se apartase de su camino, todo ello me producía un extraño calor en la piel, como si pequeñas lenguas de fuego me lamiesen deliciosamente. Envidié al pelirrojo. Pero ese desliz soñador con Dorothy fue la causa de que me acercara un poco más de la cuenta a Gloria y no atendiera al ritmo del baile. Accidentalmente, mi pierna se deslizó entre las suyas. Se enfadó:

—Eh, ¿qué pasa aquí? ¿Qué estás haciendo?

Di un paso atrás, sobresaltado al derrumbarse mi quebradizo sueño, pero no dije nada. Cuando pensé en ello más tarde, después de darle muchas vueltas en la cabeza, me di cuenta de que había sido un error. Debería haber dicho en seguida que lo sentía. Debería haberme quedado cerca. Al echarme atrás, todos los ojos se fijaron en nosotros. Cuando le conté a Nardo lo que había pasado, dijo que lo que hice no tenía importancia.

Las luces se encendieron y el chico que colocaba los discos levantó la aguja bruscamente. La gente protestó.

Aunque parecía que no sabía muy bien lo que pasaba, el pelirrojo me asió del brazo y me apartó; no con fuerza o a empujones, sino con firmeza, como para echarme de un sitio donde no debía estar.

—Te dije lo que iba a pasar —le dijo Dorothy con sequedad.

Antes de poder liberar mi brazo o decir algo, vi con el rabillo del ojo que ella se daba la vuelta y entraba en la cocina moviendo la falda al andar.

Todavía un poco desconcertado, pero decidido a tomar ahora la iniciativa, el pelirrojo me soltó el brazo. Delante de mí había un grupo de cuatro chicos mayores, que me bloqueaban el camino a la puerta. No eran tíos grandes ni parecían particularmente peligrosos, pero eran cuatro y yo no los conocía. Durante un instante fugaz pensé en cargar contra ellos para abrirme paso y llegar de prisa a la puerta, pero ellos mostraban esas miradas tensas e interrogantes y yo empezaba a sentirme como si me pincharan la piel.

En vez de arremeter contra ellos, di un paso hacia una puerta corredera que había a mi derecha y la abrí lo bastante para escabullirme.

Me encontré en un patio que era enorme, como la casa. Había árboles y arbustos por todas partes y grandes extensiones de hierba, que brillaba con el resplandor del hielo. Miré hacia arriba y el cielo tenía un aspecto áspero, como de aguas muertas. El aire era frío, pero el pecho no me dolía por el frío, sino por una sensación de vacío, como si dentro de mis pulmones sólo hubiera ecos.

Empecé a andar atrás y adelante a lo largo de la casa, buscando una salida. El patio estaba rodeado por una cerca alta, de cedro, oscura y astillada allí donde la madera se había abarquillado con el tiempo. Si trepaba, se me clavarían las astillas. Pasé por delante de la puerta de cristal y a la luz de la lámpara de fuera vi reflejado a un muchacho ridículo y torpe. Era yo, mirándome; pero a la vez no era yo, sino alguien espectral y desconocido.

Entonces una sombra tropezó con mi imagen. Por

150

un momento pensé que era Dorothy y mi corazón dio un vuelco.

—¿Qué estás haciendo aquí, chaval? —dijo el pelirrojo con una voz como una corriente eléctrica bajo el agua. Estaba cerca de mí, con la cabeza iluminada bajo la luz, que luego se oscureció con las cabezas de más chicos—. He oído locuras sobre ti, amigo; verdaderas locuras.

El pelirrojo estaba dando vueltas a un pedazo de chicle y mirando a sus amigos, que empezaban a abrirse en abanico por el jardín, como inspeccionando la hierba y los macizos de flores por si había caracoles. Se inclinó a mi lado, casi tocándome el hombro, después miró a lo lejos, al final del patio. La lámpara de fuera le dio de lleno en medio de la cara y pude ver los latidos de los músculos de la mandíbula.

—¿Sabes?, los tipos como tú sois una rara especie de patos —dijo en voz alta y lenta—, sólo andáis por ahí con vuestras torpes patas, graznando y aleteando, ¿sabes lo que quiero decir?

Yo me sentía como si tuviera una pieza de acero frío en la garganta. Al darse cuenta de que yo no iba a decir nada continuó, moviendo la barbilla a tirones:

—Bueno, déjame decirte esto, chaval. Me tiene sin cuidado que seas un invitado. Ésta no es tu fiesta y no me gusta que andes por aquí molestando a Dorothy.

—La última parte la acompañó con una fuerte explosión de la goma de mascar al hundir los dientes en ella.

Yo quería decirle que todo era un error, que el señor Giddens me había hecho venir y que yo no iba a morir de amor nunca más, pero sabía que sólo eran excusas.

O bien el pelirrojo adivinó lo que yo estaba pensando, o bien pensó sencillamente que ya había hablado bastante, lo cierto es que sonrió e hizo una seña con la cabeza a sus amigos. Puso la palma de la mano en mi hombro y, casi amigablemente, me golpeó un par de veces en la cabeza con sus grandes nudillos. Después, todavía masticando el chicle, se volvió hacia la puerta corredera de cristal.

Allí estaba Dorothy, de pie, al lado de la cortina descorrida. Se mordía delicadamente una cutícula y nos miraba preocupada, con una multitud de amiguitas en la retaguardia.

El pelirrojo fue hacia ella con la cabeza echada hacia atrás. No dijo nada. Sólo asintió y levantó las dos manos, primero hacia mí, después hacia ella, como diciendo: «¿Ha sido suficiente?».

10

UNA PRUEBA DE VALOR

Todo el desastre con Dorothy Giddens me hizo comprender que estaba bien lejos de gustar a las chicas. No porque fuera feo, aunque más bien lo era, o porque fuera un pelmazo, aunque mi hermana Magda opinara de manera diferente. Era porque no me atrevía a decirle nada a una chica —era un gallina, un auténtico gallina—. La sola idea de hablar con una chica que me gustaba me hacía contraer los músculos del pecho y me dificultaba la respiración.

No es que las chicas me escupiesen al pasar o algo así, pero yo nunca sería lo bastante dulce como para producir caries, ni siquiera a una chica como Imelda Rodríguez, que llevaba gafas de culo de vaso y los dientes le iban en todas direcciones. Imelda llevaba zapatos ortopédicos y arrastraba una pesada sombra.

Yo imaginaba que su amor sería un terrible aullido de soledad. Pero la hubiera adorado para siempre si, al menos una vez, me hubiera tocado con una tímida caricia de amor.

Le conté todo esto a mi amigo Frankie. Él vivía cerca del canal de riego, encauzado entre robles ralos y altos pastos, donde los renacuajos se apartaban de las sombras cercanas y las culebras de rayas verdes se retorcían dentro de camas de hojas en los tocones muertos. Algunas veces resultaba un lugar divertido para jugar.

Frankie decía que entendía lo que yo quería decir, pero que hoy en día era imposible hablar con las chicas, aunque él sabía dónde conocer, si yo quería, a una chica realmente buena y fácil.

—¿De verdad?

—Sí, de verdad. Mañana... ya verás.

El cielo rojizo estaba dando paso a manchas plateadas por la luz de la luna cuando Frankie y yo nos encaminamos a casa de Mondo, en la colonia Callaway. Allí nos encontramos con algunos chicos que hacían el vago en un patio. Uno era Mondo; otro, su hermano Eddie. También estaba allí un chico llamado Gody, que en realidad se llamaba Guillermo. Y dentro de la casa había dos chicas, Rita y Patty.

Alguien había utilizado el patio para arreglar coches; no había ni sombra de hierba, sólo porquería amontonada manchada de aceite. Había neumáticos desgastados y, junto a la cerca, una cadena colgaba de la rama de un árbol. Las hojas grasientas que había en el suelo hacían resbalar mis playeras.

Frankie me dijo que podía sentarme en un neumático. Miré las rayas de mugre que había sobre uno de ellos y decidí quedarme de pie.

Un camino bordeado por una valla de madera cruzaba el patio. Varias tablas rotas colgaban de clavos oxidados. Frankie me dijo que Eddie, el hermanastro de Mondo, partía a patadas los tablones cuando bebía demasiado y se enfadaba porque su madre se estaba muriendo de cáncer. Me advirtió de que no hablara de madres con Eddie.

—Si empieza a hablar de eso, tú cierras la boca, ¿estamos?

Rita y Patty estaban en la habitación de Mondo, a la que se podía entrar desde el porche de atrás. Yo quería unirme a la banda porque Frankie me había prometido que podría besar y arreglármelas con una de las chicas cuando hubiera pasado la iniciación. Estaba ansioso y sentía curiosidad por verlas.

Entonces salió Patty. Tenía los ojos del color de la miel y el pelo negro con raya en medio, cayéndole casi hasta las caderas. Recordé haberla visto en la escuela, con el pelo brillando al sol como una ardiente gelatina azul. Llevaba botas de *cowboy* y calcetines altos negros que le llegaban hasta la minifalda, tan ceñida a las caderas que para andar tenía que separar un poco las piernas. Patty le sonrió a Frankie y se puso a tirar de la manga a Gody, como jugando, pero a quien ponía buenos ojos era a Mondo, con gestos y coqueteos y una voz gutural. Él estiraba el cuello hacia atrás, se frotaba las muñecas y sonreía con los ojos medio cerrados. A mí, ella me ignoró y luego regresó a la casa.

Parecía que era la novia de Mondo, pero Frankie no lo sabía con seguridad. Se hacía el loco cada vez que le preguntaban por ella. Pero eso no le impidió inventarse historias cuando empecé a enfriarme en lo de unirme a la banda. También dijo que Rita no era tan bonita como

Patty, pero que dejaba que cualquiera la besara, y esa idea hizo que me atragantara, como me pasaba cuando hablaba de las chicas llamándolas *pollitas*. La palabra hacía subir a mi pecho una corriente de excitación. Con el borde de su sombrero pachuco vuelto hacia abajo, Mondo pasó recolectando aportaciones. El plan era comprar un coche. Suponía que podría conducirlo, ya tenía diecisiete años y el permiso de principiante. Su tía había firmado los papeles porque él había prometido llevarla a hacer la compra cuando tuviese el coche.

En todo caso, Mondo no quería un puñado de tipos ensuciando los asientos, así que calculaba que unos cuantos *vatos* «firmes» servirían.

—Eh, ¿tú eres un *vato* firme? —dijo quitándose el sombrero. Me miró fijamente desde lejos.

—Sí. —Metí la mano en el bolsillo y saqué todo lo suelto, unos dieciocho centavos, y lo dejé caer en el sombrero.

—¿Lo has puesto al corriente de todo? —preguntó a Frankie.

—Sí.

Ponerme al corriente quería decir que yo tenía que pasar la prueba de valor para convertirme en miembro de la banda de la colonia Callaway. También tendría que conseguir arreglármelas con Rita, algo que, como supe más tarde, era una norma pasajera, mientras trataban de decidir si las chicas iban a entrar en la banda. La idea había sido de la propia Rita, aunque añadió que no iba a permitir que nadie se acostara con ella. Pero no le importaba acercarse mucho.

Era una de esas noches en las que la luna sale temprano y parece marcada por cicatrices oscuras. Mondo pasó ofreciendo cigarrillos, empujándolos hacia arriba como tubos y observando para ver si lo agradecíamos o éramos unos gorrones.

—Bueno, Frankie dice que has estado en el *Juvy* —dijo.

—No, nunca he estado en el *Juvy* —dije. Me violentó tener que admitirlo. Frankie debía de haberle dicho que yo había estado en el Tribunal Juvenil para impresionarlo.

—Bueno, yo estuve una vez —dijo Mondo. Asintió lentamente para acaparar la atención de todos, y encendió su cigarrillo. Me pasó la cerilla y, al hacerlo, eché una ojeada a un tatuaje en forma de C en la parte carnosa entre el índice y el pulgar—. A mí y a otros chicos de la colonia Holloway nos pillaron robando un coche. No íbamos con mala intención, sólo queríamos dar una vuelta por ahí, beber cerveza y eso. Solíamos hacerlo con frecuencia, ya sabéis. Nos hacíamos con un coche y lo dejábamos en el barrio chino. El propietario lo recuperaba al día siguiente, algunas veces con más gasolina en el depósito que cuando nos lo habíamos llevado.

Hizo una seña a Frankie con el cigarrillo entre los dedos, después dio una calada gigantesca y dejó escapar el humo entre los labios en un compacto chorro azul.

—¿Nunca has robado un coche? —preguntó un poco atragantado.

—No, lo siento —dije lamentando otra vez mi tímida confesión.

—¿Nunca? —preguntó Mondo con fingida sorpresa. Se volvió a un lado y levantó una ceja mirando a los demás. Pensé que se iba a burlar de mí, pero entonces dijo—: Bah, no te preocupes por eso, de verdad, no tiene importancia.

Escupió una brizna de tabaco, después fue hasta la valla y arrojó el cigarrillo en el camino. Cayó en algún charco y se apagó con un chisporroteo.

—Además, no vamos a robar ningún coche más, ¿no tengo razón, Frankie?

Frankie estaba buscando cerillas. Encontró una cajita y empezó a encender los cigarrillos de todos, excepto el de Eddie, que se lo había colocado detrás de la oreja. Yo tampoco había encendido el mío y no podía recordar lo que había hecho con la cerilla que me había pasado Mondo.

—*Chale*, esos días han pasado —dijo Frankie levantando los hombros.

—*Simón*, esos días han pasado —ratificó Mondo. Chupó otra vez su cigarrillo, después encorvó los dedos y los movió en círculo—. Vamos a comprar un coche, todos nosotros, excepto, tal vez... tú. —Abrió los dedos tocando ligeramente a todos, después los curvó de nuevo y dejó fuera sólo el pulgar, el que tenía un tatuaje. Con él me apuntó—. Depende de si pasas la prueba, ¿verdad, Frankie?

—Te digo que es hermano de Bernardo —dijo Frankie con exagerada dureza—. Probablemente nos pondrá a todos en ridículo.

—A mí no. ¡No me pondrá en ridículo! —dijo Eddie saliendo de la oscuridad. Había estado escuchando cerca de la valla. Su voz sonaba amenazadora y tenía la cara pegajosa por la bebida. Lucía un pelo largo, casi tan lacio como el mío, fino y rubio, un rostro pálido como una sábana y los ojos de un azul metálico, como la luz reflejada en un cuchillo afilado.

—Cálmate, Eddie —le dijo Frankie—, sólo estaba bromeando.

Eddie sonrió, como si se lo pasase por alto a Frankie, y después encendió su cigarrillo.

Al principio, cuando Frankie me había hablado de la iniciación, pegué con los puños en el aire presumiendo de valentía. La iniciación era para probar el valor de un tío. Podías resultar un gallina, o hacer que Mondo pensara que eras lo bastante valiente para soportar el castigo.

En realidad, el dolor de los palos y las patadas no era lo que me preocupaba, sino la sensación de miedo. Cuando las plumas de gallina te obstruyen las venas, tener miedo puede ser como un cuchillo en las costillas. Entonces cualquier desgracia es posible. Me preocupaba empezar a suplicar, quizá incluso dejarme caer al suelo paralizado por el terror, como en las películas de guerra cuando las bombas caen asustando hasta a la suciedad.

Cuando Mondo anunció el principio de la iniciación, una erupción de alarma estalló en mi piel. Patty y Rita salieron del porche trasero, Patty todavía con su falda ajustada y Rita con una chaqueta de cuero desgastada unas tres tallas demasiado grande. Se reía con una de esas risitas incontenibles y al mirarla me sentí desfallecer. Llevaba uno de esos pantalones arrugados que se acampanan como trombones. Entre sus piernas había un pliegue, como si alguien lo hubiese golpeado ligeramente con el dedo. Mientras bajaban despacio los escalones de cemento, por delante de la puerta de tela metálica con la pintura desconchada, la luz de la luna alargaba perezosamente las sombras por el patio grasiento.

Mondo invitó a las chicas a mirar, pero sólo si no se iban a impresionar, dijo al tiempo que me hacía una seña. Después, sin una palabra de aviso o un gesto siquiera que marcase el comienzo, Mondo y Eddie empezaron a rodearme. Frankie y Eddie se miraron uno a otro con las caras gomosas, como si los hubieran abofeteado. Yo sabía que ellos no iban en serio.

De repente, Eddie se tiró al suelo y, antes de que yo pudiese levantar la pierna, enganchó su tobillo izquierdo detrás de mi talón y me apretó la rodilla con su pie derecho. Mi rodilla quedó bloqueada y caí de culo. Giré rápidamente tratando de levantarme, pero antes de poder hacerlo, Mondo me sujetó la cabeza con las manos y me empujó hacia abajo.

A continuación me hundió la rodilla en las costillas mientras el tacón de Eddie me perforaba el cuello. El círculo se estrechaba a mi alrededor. Con el rabillo del ojo, húmedo y lloroso, vi acercarse a Gody, a Rita y a Patty. Frankie se quedó atrás. De pronto, un pie me apretujó la mano. Fue como si me pincharan con agujas y al ladear la cabeza vi a Rita, con la boca apretada y el tacón hundido en mi mano.

Desde aquel momento lo único que recuerdo es un asalto de puñetazos y golpes y patadas mientras me revolvía bajo el peso de Mondo. Éste hizo crujir su rodilla contra mi cabeza y luego me raspó la ceja contra el sue-

160

lo sucio de aceite. Traté de retorcer el cuerpo para levantarme, pero a cada intento, Mondo apretaba más, desplazando el peso de sus rodillas para contener mis empujones.

Me llegaba el olor ácido de la suciedad, pero, por raro que parezca, no me asustaba. Ni tampoco sentía los golpes, que parecía que, en vez de a mí, se los propinaran a un trozo de carne en una mesa. En mi interior seguía diciéndome: «Está bien, bastardos, adelante. ¡Adelante! ¡A ver hasta dónde llegáis!». Sabía que era lo más estúpido que podía pensar, sin embargo, en algún lugar escondido de mi mente, tenía la idea de que, una vez hubiera terminado la prueba, iría al cuarto de atrás, donde habría un sofá pegado a la pared y allí besaría a Rita o a Patty, como Frankie había prometido; por fin tendría a una chica entre mis brazos, sentiría la humedad de su aliento y su aroma dando vueltas en mi nariz, sentiría sus labios aplastándose como una patata contra mi boca.

Cuando al fin me dejaron, me quedé mucho tiempo sentado, dándome toques en los labios, que me ardían y se hinchaban rápidamente. También tenía la mano machacada, con una contusión ennegrecida en los bordes. Tenía los músculos débiles como gachas y me dolían todos los huesos del cuerpo, como acribillado por puntas de alfiler.

Escondía los ojos, tratando de aguantar cualquier estremecimiento de dolor o cualquier temblor, cuando oí reír a Patty detrás de mí. Tenía una risa irritante, como si esperase que todos se partiesen de risa como ella.

—¡Bah, deja de preocuparte por tus labios! —chilló Eddie.

—¡Cállate, Eddie! —dijo Frankie sacudiendo la suciedad de mi pelo—. Estarás bien —dijo suavemente; me echó un brazo sobre los hombros y dijo otra vez—: Estarás bien.

11

DE VUELTA A CASA

Al día siguiente me desperté todavía machacado, pero me vestí rápidamente, con un dolor de músculos casi agradable, como si hubiera hecho algo verdaderamente peligroso y hubiera sobrevivido. Íbamos a dar una vuelta por la parte alta de la ciudad, bajo los arces, cerca de la farmacia Long. Los chicos pensaban que podríamos robar algunas pilas de linterna, botellas de loción o aspirinas, y después vendérselas a la gente para ganar algo. Mientras lo pensaba, me acordé de que había prometido a mi madre limpiar mi habitación y rastrillar el patio. Generalmente, cuando mi madre me pide que ayude en las tareas de la casa, me vuelvo torpe. Las fregonas y escobas, y a veces hasta los platos, saltan misteriosamente de mis manos. Pero estaba tratando de ser más útil en casa y, como estaba ansioso por salir con los chicos, no quería que mi madre sospechara.

Barrí el suelo de mi cuarto, metí mi ropa sucia en el armario y, para prevenir los torbellinos de la tormenta que se avecinaba, rastrillé las hojas del patio. Después fui a limpiar el baño. Estaba inquieto. Me miré en el espejo, mientras pensaba en Rita, en cómo la noche antes me había rozado la mejilla con sus pestañas y apuñalado con la punta húmeda de su lengua el interior de mi oreja. Cuando insinuó que habría más sorpresas, mis pulmones empezaron a pesar como toallas empapadas. La luz del baño parecía una estrella blanca al reflejarse en el espejo y, al mirarla, me sorprendió darme cuenta de cuánto placer y agonía podían sentirse al mismo tiempo. Por primera vez entendí lo que solía decir mi abuela acerca de la felicidad. Decía que la felicidad era respirar el aire que se escapaba por un pequeño agujero en el cielo, pero que si respiras demasiado de ese aire, te pones enfermo por el deseo de ir allí y no puedes vivir tu auténtica vida.

En el pasillo me acordé de mi madre y le dije a gritos que iba a jugar al béisbol. Estaba colocando latas en la despensa. Me dijo a voces que debía quedarme en casa porque había sopa de pollo para el almuerzo, y después iba a ir con papá para un asunto de la casa de la abuela.

Fui a buscar mi viejo guante de béisbol. En cierto modo, el béisbol había perdido su magia para mí y el guante era la prueba. Las costuras estaban descosidas y los cordones sueltos. Las pocas veces que jugaba, los tiros rápidos rebotaban y me daban en la cara. Pero aún me servía de excusa para salir.

Pasé por delante del cuarto de Magda. Estaba delante de su viejo tocador, peinándose. Su pelo, sin cardar aún, era una suave corriente de agua oscura y sin luna. Cuando me vio reflejado en el espejo, frunció el ceño y dejó caer el cepillo.

—¿Qué miras?

—Nada.

Levantó el cepillo otra vez y se quedó frente al espejo con él en la mano.

—¿Qué te parece si me tiño el pelo? —me preguntó tirándose suavemente de una ceja.

Al entrar en la cocina oí el chasquido del refrigerador al encenderse. La sopa de pollo hervía y su aroma rondaba como un espíritu entre las paredes. Encontré a mamá en la despensa y moví el guante de béisbol delante de su cara.

—Mamá, es un partido importante.

—Todos los partidos son importantes, *mijo* —dijo dejando la bayeta. La seguí por la cocina mientras buscaba un abrelatas. Se toqueteaba el pelo, desenredando los mechones.

—Lo que necesito es un cepillo para el pelo, no un abrelatas.

—Pero mamá, éste es diferente, de verdad.

—¿Vas a jugar un partido con este tiempo? —Miró por la ventana. El viento sacudía con fuerza los arces—. Hace meses que dejaste de jugar al béisbol, Manuel, y yo lo sé. No trates de engañarme. Además, anoche viniste a casa muy tarde.

Dejó de enredar con su pelo y me miró de arriba abajo. Mi cara estaba llena de magulladuras. Me había puesto un chándal y una gorra con la palabra BÉISBOL encima, en grandes letras rojas. Bajé la visera para que no pudiera ver mucho, me volví y saqué el guante de debajo del brazo y empecé a golpear por dentro con el puño. Hacía un ruido seco y hueco.

—Supongo que todo va bien —dijo por fin—, pero no vuelvas tarde.

Sabía que se fiaba de mí tanto como pudiera hacerlo del frigorífico, pero creo que en cierto modo se sorprendía de que yo tratara de buscar una excusa. Nardo no se había tomado nunca la molestia de hacerlo. Ella se había hecho a la idea de dejarlo hacer y esperar lo mejor. Al principio pensé que conmigo haría lo mismo, pero su manera de mirarme era diferente, como si supiera que yo no me estaba portando bien.

Después de echar el guante y la gorra de béisbol entre los arbustos, corrí a la farmacia Long. Estaba lejos y tuve que andar bastante. Noté que el viento era cada vez más fuerte. Las nubes empezaban a oscurecerse. Los hilos del teléfono zumbaban y los papeles volaban por la acera. Cuando se enredaban en los arbustos, repicaban ruidosamente como castañuelas, antes de salir disparados otra vez como ráfagas de escopeta.

Cuando llegué, los chicos estaban sentados en el banco de piedra, excepto Mondo, que tenía las manos en los bolsillos y estaba apoyado contra el viento. A pesar del frío llevaba la camisa por fuera, pero con una chaqueta de trabajo encima. Estaba observando a una mujer que entraba en su coche con las rodillas dobladas y los brazos cruzados para sujetar la falda, y soltó una risa aguda, tan alta que la mujer se volvió y lo miró ceñuda.

Había un chico negro vendiendo periódicos delante de la tienda. Llevaba un gorro de lana gris enrollado sobre las orejas y una chaqueta con el cuello levantado. Nunca decía nada cuando los clientes tomaban un periódico y le daban una moneda de mala gana. Entonces pilló a Eddie mirándolo y se cambió de sitio, junto a los almacenes que había paseo abajo.

Gody, que sólo llevaba un chándal, no dejaba de frotarse las manos y resoplar fuerte. Estaba encogido y su voz temblaba con la tiritona.

—Deberíamos agarrarle el bolso a una vieja. Tenemos que llegar a los veinte o treinta dólares.

Mondo se echó hacia atrás el pelo desordenado por el viento.

—Es verdad —dijo—, las viejas tienen un chorro de dinero. Además, sus brazos están tan débiles que casi se les parten cuando agarras el bolso. —Imitó a una vieja tratando de mover sus articulaciones y nosotros nos reímos. Por fin dijo—: *Naaa...* las señoras con dinero no compran por aquí. Andan más por la parte blanca de la ciudad.

—¿Qué hay del chico de los periódicos? —sugirió Eddie—. Yo puedo agarrarlo.

—*Naaa...* —rechazó otra vez Mondo, pero ahora un poco menos áspero. No quería dejar de lado las ideas de nadie.

El viento era ya como un pez helado que mordisqueaba las perneras de nuestros pantalones. Frankie sugirió que nos escapásemos a ver una nueva película de terror en el Teatro Azteca. Mondo acalló la propuesta con otro prolongado «*Naaa...*». Yo no sugerí nada.

El aparcamiento estaba casi vacío. La gente no se quedaba mucho tiempo a comprar, sino que se daban prisa para volver a casa cuanto antes. Eddie sugirió de nuevo que pescáramos al chico de los periódicos antes

167

de que se alejara demasiado. La última vez que miramos se había distanciado de nosotros casi media manzana.

—Vamos, cobardes —nos incitaba Eddie.

—Pero ¿dónde está? —preguntó Mondo, simulando interés. Todos nos volvimos, pero el chico de los periódicos había desaparecido—. Bueno —dijo mirando en torno de él—, me voy a casa. Además, no hay la suficiente gente en la farmacia para que robemos algo sin que se note.

Mientras se sacudía el frío de las piernas, una fuerte ráfaga de viento sacudió un árbol que había junto a nosotros, arrancó una rama y la partió al lado de un cable eléctrico.

—Esto no va bien —dijo Mondo mirando con cierta prevención al árbol. Después, sin decir adiós, abrió los brazos, hizo un saludo militar y cruzó el aparcamiento. Frankie, Gody y yo nos ofrecimos a acompañarlo, pero hizo que no con la mano y dijo que había quedado con Patty para ver la tele, solos.

Cuando él cruzaba, un viejo salía de la farmacia jugueteando con las llaves del coche. Al llegar a la puerta, Mondo se estiró detrás de él y agitó un puño por encima de su calva. Eddie se adelantó, pero Mondo siguió andando rápidamente, mientras se tocaba y se masajeaba el brazo como si sólo estuviera bromeando.

—Caray, yo creí que quería asaltar a ese tipo —dijo Eddie, volviendo hacia nosotros. Miró a Mondo, que se abría paso entre el viento hasta desaparecer tras la esquina de un edificio—. Me parece que es un gallina como otros que conozco —y nos señaló con la barbilla.

—Sí, pero él tiene una chica —dijo Gody, castañeteando los dientes.

—También yo tengo una —dijo Eddie, pero antes de que pudiese decir nada más, otro golpe de viento hizo estallar lo que sonó como una catapulta en el árbol sobre nuestras cabezas. Todos pegamos un salto, pensando que nos iba a aplastar una rama rota, o que un cable de alta tensión iba a electrocutarnos. Lo que ocurrió fue que el árbol entero dio una sacudida, como empujado de repente por el puño de una nube. El árbol se partió y cayó hacia atrás crujiendo y gimiendo contra los cables eléctricos.

—¡Eh!, mejor nos vamos de aquí —dijo Frankie—. Algunas veces estos árboles matan a la gente.

Entonces Eddie me detuvo con una mano como una pala y dijo que yo tenía que quedarme con él.

—¿Qué vas a hacer? —preguntó Frankie.

—Bajar por el paseo.

—¿Bajar por el paseo adónde?

—Eh, ¿quién diablos te crees que eres para hacerme preguntas, el FBI? —Eddie tiró a los zapatos de Frankie la caja de cerillas que tenía en la mano.

—No —dijo Frankie, mirando las cerillas.

—Bueno, no es asunto tuyo, ¿vale? Manny y yo sólo vamos a comprobar las *rucas*.

—No hay *rucas* —dijo Frankie—. ¿Hemos estado una hora hablando sobre lo que íbamos a hacer y ahora quieres ir paseo abajo?

—Bueno, ¿y qué?

—Mira —dijo Frankie abriendo la mano de modo conciliador—. Lo que no quiero es que vosotros dos intentéis nada, eso es todo. Estamos juntos en esto, ya lo sabes, hay que planearlo antes.

—¡Eh! —exclamó Eddie exagerando la acusación de Frankie—. ¿Quién diablos te crees que somos? ¿Vamos a robar algo? ¿Crees que somos ladrones o qué?

—¿De qué estás hablando? —preguntó Frankie confuso. Él sabía que Eddie era un ladrón.

—¡Estoy hablando de ti, pendejo! Estás acusándonos de robar y después dices de qué estoy hablando.

—Bueno, yo no te estoy acusando de nada.

—Sí lo estás. Y si no te andas con cuidado te voy a saltar los dientes.

Frankie se mordió pensativo el labio inferior con los dientes de arriba.

—¿Quieres ir con él? —me preguntó, señalándome.

—Sí, iré con él, ¿te importa?

—¿De verdad?

—Sí, ¡¿te importa?! —chilló Eddie.

Por la cara de Frankie podía adivinarse que sí le importaba. Frankie decía que a Eddie le gustaba andar por la calle sólo por darse el gusto de atizarle a algún tipo blanco en los morros. Decía que a Eddie le gustaba pegar a los blancos en plena mandíbula, para verlos enrojecer por la sorpresa. Odiaba a los blancos, especialmente a los que vestían con jerseys abotonados, pantalones de algodón y mocasines; cosa curiosa, porque Eddie también era blanco. De hecho, Mondo y Eddie no eran más que medio hermanos. El padre de Mondo se apellidaba Montez y estaba en prisión por atacar a un policía; el padre de Eddie se apellidaba Owens y había muerto hacía tiempo, apuñalado por un hombre que lo acusó de hacer trampas en el juego. Pero incluso sin los nombres diferentes cualquiera podría ver que no eran de la misma sangre. Mondo tenía el pelo negro y rizado, lo bastante duro como para doblar los peines, y las mejillas y la frente salpicadas de granos. Eddie era tan blanco que cuando se alteraba, la cara se le cubría de rosetones, que luego se iban cerrando como minúsculos puños.

Deseaba haber recordado todo esto cuando estuve de acuerdo en irme con Eddie, pero el caso es que lo seguí, echando miradas a Frankie y esperando quizá que él me llamase. Pero Frankie cruzó el aparcamiento como para irse a casa, protegiéndose los ojos de las ráfagas de viento.

—¿Qué estás mirando? —preguntó Eddie.

—A Frankie.

—¡Al cuerno! Él no hace las reglas.

Eddie andaba de prisa, muy enfadado. Dio una patada a una lata de coca-cola que rodaba por el paseo. Era un día desapacible y violento. Los árboles crujían y gemían como ruedas herrumbrosas y unos jirones de luz serpenteaban entre las ramas. Las sombras crecían y se deslizaban bajo los árboles, como delfines juguetones y, más de una vez, al mirar a un lado, tenía la sensación de que un árbol paseaba conmigo.

Eddie era totalmente indiferente a los árboles. Andaba con firmeza, girando la cabeza, guiñando los ojos y haciendo ruiditos. No había mucho que ver en el paseo. Un atasco de coches trataba de desatascarse en un cruce. Una paloma en vuelo era arrastrada locamente por una ráfaga de viento.

El zarandeo de los árboles empezó a sonarme como toda una audiencia de gente golpeando papeles con los dedos. Abrí la mano y comprobé que una fina lluvia me pinchaba la piel. Iba a decirle a Eddie que deberíamos irnos a casa, cuando vi el latido de las venas de su cuello. Empezó a moverse más de prisa.

Al otro lado de la calle, una señora con un vestido negro y un impermeable claro salía de prisa de la caja de ahorros. Llevaba un bolso negro con el que se cubría la cabeza e iba encorvada contra el viento. Eddie se rezagó en el bordillo mirando a la mujer. Echó un vistazo a ambos lados de la calle, lo que me pareció extraño, porque generalmente cruzaba las calles desafiando a los coches a atropellarlo.

La señora se paró junto a su coche y empezó a hurgar buscando algo dentro de su bolso. La lluvia comenzaba a arreciar. Mientras se apoyaba contra la puerta, el viento agitaba su impermeable y ella lo bajaba con la mano. Por fin sacó unas llaves y abrió la puerta.

Entonces la lluvia ya salpicaba con fuerza el asfalto y enturbiaba el parabrisas. Eddie había cruzado la calle con rápidos movimientos, las mejillas manchadas de rojo y la boca apretada. De repente, giró las piernas como en un salto de carpa y arremetió con los pies contra la puerta del coche. La puerta no se cerró, sino que rebotó y golpeó a la señora en la mano.

Ella estaba aturdida. Resbaló con el tacón en el asfalto mojado y se cayó de culo con un chapoteo. Dejó caer el bolso al mismo tiempo, y Eddie se arrodilló rápidamente para agarrarlo, apartando la pierna de ella. La señora se quedó sentada, sorprendida, con el tobillo izquierdo magullado y la combinación blanca asomando, mojada y arrugada. No parecía tan bonita como cuando salió del banco y me sorprendió sentir un hilillo excitante recorrerme la garganta.

A la señora debía de dolerle mucho la mano, porque la miró como si la hubiera atravesado un rayo. Las comisuras de sus labios se crisparon y abrió los ojos asombrada. Después, estalló en un súbito lloriqueo, pero se detuvo inmediatamente y miró paralizada a Eddie, mientras él desparramaba lo que salía del bolso. Por un momento pensé que la señora quería tocar a Eddie, no para recuperar su bolso, sino tocarlo para ver si de verdad estaba allí.

Eddie estaba allí, por supuesto. Se levantó y, al ver su mano extendida, le dio un cachete como a un niño malo. Después volvió a cruzar la calle, sin preocuparse siquiera de echar un vistazo a los coches.

Pasó corriendo por mi lado, sin decir nada. Respiraba intensamente. Lo llamé para que me esperara, pero ni se volvió. Yo corrí detrás de él por el paseo, con el viento golpeándome la espalda y aporreando la acera con los pies. Tenía miedo de destrozarme una rodilla por correr tan de prisa. Pero estaba demasiado dolorido y magullado por la paliza del día anterior para alcanzarlo. La distancia era cada vez mayor.

Antes de doblar la esquina de la farmacia Long, Eddie se volvió por fin y en ese momento lo reconocí como el novio de Magda. La distancia era la misma que cuando lo había visto cerca de los arces. Por eso supe que era él. Magda no lo había vuelto a ver, decía que en realidad nunca le había gustado, que sólo quería tener a alguien cerca de ella. Traté de llamarlo otra vez, más alto, pero de mis cuerdas vocales sólo salió un temblor.

Y en ese instante en que traté de llamar a Eddie, todo cambió. Fue como si por fin hubiera visto mi propia cara y me hubiera reconocido; reconocí quién debería ser yo en realidad.

Ya no quise ir detrás de Eddie. En vez de eso, hubiera querido sujetarlo y gritarle sobre cómo tratar a la gente, cómo ser alguien que sabe tratar a las personas: a mi hermana, a esa señora. Pero no me sentía capaz de seguir corriendo. «Olvida a Eddie», pensé. Aun en el caso de que lo alcanzara, él no entendería nada de lo que pudiera decirle. Empecé a andar más despacio cuando la lluvia y el viento amainaron.

Me paré en el aparcamiento y busqué por allí sin entusiasmo. Apenas había coches. Los charcos de lluvia reflejaban cien cielos nubosos. A Eddie no se lo veía por ninguna parte. El chico de los periódicos había regresado a su puesto ante la farmacia, aunque estaba empaquetando sus cosas. Tenía en la mano algunos periódicos empapados, que soltaban tinta entre sus nudillos. Los dejó caer en un cubo de basura, se frotó la tinta de los dedos y me miró con ojos compasivos.

Se me pasó por la cabeza el pensamiento de que tal vez él hubiera visto lo sucedido, pero supuse que estaba demasiado lejos.

—¿Por dónde se fue? —pregunté.

El chico miró al otro lado de la calle, hacia la misma esquina por donde se habían ido Mondo, Frankie y Gody. Se limpió más tinta de los dedos y se agachó sobre su bolsa como si fuera una fogata. Me encogí de hombros y me pasé el dorso de la mano por la frente.

De repente, el chico levantó la cabeza y miró por encima de mi hombro. Paseo abajo, más allá de los grandes almacenes, venía patrullando un coche de policía blanco y negro, apareciendo y desapareciendo detrás de la hilera de árboles. Dentro había dos polis, y uno de ellos me apuntó con el dedo y le gritó al conductor, que aceleró y se subió al bordillo.

Estaba a punto de largarme calle abajo, pero el chico de los periódicos me detuvo, diciendo:

—Eh, tío, tranquilo.

Los polis llegaron al instante e hicieron un giro para pararse. Yo tenía el cuello ardiendo y mi cabeza daba vueltas en busca de excusas. En la garganta una esponja me secaba la boca y tenía miedo de que, si trataba de hablar, en vez de palabras me saldrían sollozos. Lo que me sorprendió fue que los polis no salían del coche. Había dado por seguro que se me echarían encima con las esposas preparadas. El poli del lado del pasajero, un tipo con cara de arándano, nariz de borracho y mirada vidriosa, se puso a golpear su lado de la puerta con la palma de la mano.

—¡Eh, tú! ¡Niño! ¿Eras tú el que perseguía al tipo que robó el bolso a la señora?

Antes de que yo pudiera contestar, el chico negro gritó a través de mi oreja:

—Sí, agente, es él. Vino corriendo por el paseo detrás del ladrón.

—¿Qué camino ha tomado?

—No lo sabe, agente. Vino aquí y me ha preguntado y yo le he dicho que lo he visto doblar esa esquina de allí hace menos de dos minutos.

Levantó un dedo en la dirección por donde Eddie se

175

había ido, y el coche, como empujado por la magia de ese dedo, dio una sacudida hacia atrás, aceleró y salió disparado por el aparcamiento, salpicando en todos los charcos.

Cuando el coche de la policía giró y chirrió en la esquina, el chico de los periódicos se apresuró a terminar de empaquetar. De los árboles caía una lluvia sedosa. Después de recoger sus cosas, se volvió hacia mí y dijo, sin sonreír:

—Lo sé. Sé que estabas con él. Pero ellos no tienen por qué saberlo todo. Hay que dejarlos que lo hagan a su manera.

Se fue tosiendo tan ásperamente que pensé que iba a morirse de pulmonía.

Eché a andar hacia casa. La lluvia había cesado y la basura empezaba a aparecer otra vez en la acera. Según me acercaba a nuestra colonia, observaba las ramas de los olmos que crujían lentamente atrás y adelante. Me paré una vez para escuchar el ruido de las hojas al caer. Hacían tap-tap-tap en las ramas, antes de dar contra la acera; después, una ráfaga de viento las hacía revolotear en el aire.

Al acercarme a la casa de los García, los vi en el porche, comiendo manzanas envueltos en sus abrigos. Me sorprendí al no sentir un cosquilleo de temor en la nuca. Al contrario, estaba entumecido, pero era más bien un entumecimiento cálido que se convertía en lentas y tranquilas pulsaciones.

Stinky, con un salero agarrado bajo el antebrazo, estaba tratando de abrir una manzana verde con los pulgares. Si no podía, la lamía, echaba algo de sal encima y

176

daba un mordisco, arrugando la cara por la acidez. Al verme, me miró durante un rato, como si notara algo que no había visto desde que me conocía. Después me saludó y me ofreció con gestos algo de su manzana. Levanté la mano para decir que no, y él se puso a desobstruir los agujeros del salero.

Cuando abrí la puerta de nuestra casa, el sol, que había vuelto a aparecer, entró hasta el cuarto de estar. Las sombras se levantaron desde el suelo como una bandada de pájaros hacia el horizonte y la luz se abrió paso por la habitación, apartando la oscuridad. Un gran reflejo de luz saltaba desde la mesa de cristal y me cegaba, llegando al cuadro de la Última Cena. Tanto brillo me hizo ver lo cansados que estaban mis ojos y entré vacilante en el cuarto.

Magda y Pedi estaban dormidas, una a cada lado del sofá, con una manta por encima, cada una apretando un extremo contra su pecho. Magda tenía el pelo suelto, extendido sobre una almohada. La miré allí echada, con la boca entreabierta y un fino trazo de máscara negra goteando desde el ojo. Me acerqué a borrarlo y ella dio un respingo y volvió la cara.

Me senté a observarlas en la butaca de papá. No diré por qué, porque no hay manera de explicar la razón, aunque pudiera o quisiera, pero supe entonces, mientras me iba adormeciendo y las paredes brillantes de la habitación se encendían en torno de mí, que nunca vería nada tan maravilloso como a mis dos hermanas tendidas en el sofá. Y no eran sólo ellas, sino toda la habitación: el viejo televisor, los bobos querubines en el marco del cuadro, la mesa de cristal, los animales de mi madre brillando a la luz del sol. En esta habitación era donde mi madre gastaba tanta energía atormentándose. Y era maravilloso, era el lugar que tenía que ser. Un lugar al que yo sentía que había regresado después de un largo viaje. Mi hogar. La luz de la habitación se fue cerrando en torno de mí. Tenía tanto sueño... Todo se estaba disolviendo y tamizando a través de mis pestañas en finos torrentes filtrados, y después sólo había sangre torpe bajo mis párpados, después oscuridad, después sueño.

ÍNDICE

noguer **YOUNG ADULT**

Otros títulos de la colección:

La cometa rota
Paula Fox

noguer ✦ YOUNG ADULT

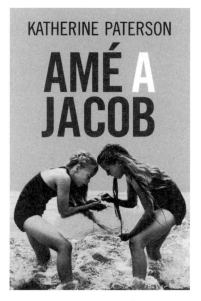

Amé a Jacob
Katherine Paterson